프랑스 갈리마르
인물 역사 총서 01

이집트 신

글 | 올리비에 티아노
프랑스의 이집트학자. 고대 이집트의 예술과 문명에 관한 수많은 저서를 남겼다.

그림 | 크리스티앙 하인리히
1965년 슬레스타에서 태어났다. 어릴 때부터 그림 그리는 것을 좋아했으며, 스트라스부르 장식미술학교에서 그림을 공부했다. 여행하며 보고 느낀 것을 한 폭의 수채화로 표현하는 일에 전념하고 있다.

옮긴이 | 신선영
고려대학교 불어불문학과를 졸업했으며, 현재 프리랜서 번역가로 활동하고 있다. 옮긴 책으로는 《꼬마 니콜라》《앙리에트의 못 말리는 일기장》《내 입을 이만큼 크게 만들어 주세요》《이름 보따리》 등이 있다.

초 판 1쇄   2006년 9월 30일 발행
개정판 1쇄   2012년 9월 30일 발행

글 올리비에 티아노 | 그림 크리스티앙 하인리히 | 옮김 신선영 | 발행처 종이비행기 | 발행인 나성훈 | 편집인 전유준
편집 김지현 이승민 | 교정·교열 장종진 | 디자인 이영수 강혜경 홍진희 | 특판책임 채청용 | 제작책임 정병문 | 홍보책임 박일성
주소 서울 강남구 삼성동 153 | 전화 02-538-5003 | 팩스 02-539-5003 | 등록 제16-3584호 | ISBN 978-89-6719-001-9 74900

ⓒ Éditions Gallimard Jeunesse, Paris, 2001. All rights reserved.
Korean translation Copyright ⓒ 2006 by JB-FLY Publishing Co.
Korean edition is published by arrangement with Gallimard Jeunesse through Sibylle Books Literary Agency.
이 책의 한국어판 저작권은 Sibylle Books Literary Agency를 통해 Gallimard Jeunesse와 독점 계약한 종이비행기에 있습니다. 저작권법에 의해 한국 내에서 보호를 받는 저작물이므로 무단전재와 무단복제를 금합니다.

● **종이비행기**는 예림당의 가족회사로, 새로운 시각과 폭넓은 콘텐츠로 다가가는 **인문 과학 분야 전문 브랜드**입니다.

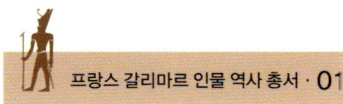
프랑스 갈리마르 인물 역사 총서 · 01

이집트 신

올리비에 티아노 글 | 크리스티앙 하인리히 그림 | 신선영 옮김

종이비행기

《프랑스 갈리마르 인물 역사 총서》를 펴내면서

앞으로 우리 교육 환경은 쉼 없는 지식의 성장과 진화를 요구합니다. 하나의 주제에 대해 생각하는 데에도 종합적인 사고와 깊은 통찰이 있어야 합니다.

《프랑스 갈리마르 인물 역사 총서》 시리즈는 우리 어린이와 청소년들이 꼭 읽고, 익혀야 할 학습 내용을 쉽고 풍부하게 전달하는 데 초점을 맞추었습니다. 이 시리즈는 인문 교양 지식 분야에서 세계 최고를 자랑하는 프랑스의 갈리마르 출판사에서 발행한 역사, 인물, 신화, 문명에 대한 종합적인 교양서입니다.

이 시리즈에 들어 있는 주제들은 모두 어린이, 청소년, 어른까지도 꼭 알아야 할 내용들로 매우 흥미진진합니다. 세상이 처음 만들어진 이야기부터 한 시대를 이끈 영웅담, 고대 문화, 문명, 지리, 역사적 배경까지……. 마치 한 편의 웅장한 역사 드라마를 보는 것과 같습니다. 그 이야기를 누구나 쉽게 이해할 수 있도록 맛깔스럽게 구성하였습니다. 거기에 역사적 사건이나 당시의 상황을 뒷받침하는 풍부한 자료들을 덧붙여 먼 과거의 숨결이 살아 있는 듯 생생한 감동을 불러일으킵니다. 각각의 주제마다 모든 분야의 최고 전문가들이 하나하나 정성을 기울인 작품입니다.

첫째 지식 교양의 기초가 되는 신화, 역사, 문화, 인물의 발자취가 가득합니다.
로마, 율리시스, 이집트 신, 노예, 해적, 클레오파트라와 같은 인류 역사의 커다란 쟁점들을 사실적으로 재현하여, 놀라운 지식들을 경험할 수 있는 세계로 안내합니다.

둘째 어렵고 딱딱한 역사 지식을 전설이나 신화 같은 이야기로 흥미롭게 전달합니다.
쉽고 간결한 이야기체 구성으로 초등학생부터 청소년, 학부모에 이르기까지 누구나 단숨에 읽고, 쉽게 공감할 수 있습니다.

셋째 역사적 사실과 상상력을 바탕으로 한 구체적인 정보를 알차게 실었습니다.

이야기 중간 중간마다 그 당시의 역사적 사실과 배경 지식을 알 수 있는 다양한 사진이나 그림, 기록물을 꼼꼼히 넣고, 백과사전 같은 설명을 곁들여 학습 효과를 높여 줍니다.

넷째 원작이 주는 고유의 분위기나 상황을 충실히 살렸습니다.

지금까지 알려진 여러 가지 이야기 중에서도 가장 원전에 가까운 설화와 번역본, 문체까지 충실히 살려 독자들에게 정확한 교양 지식 길라잡이가 됩니다.

다섯째 학생들의 교과 과정과 관련 있으면서도 교과서에 나오는 내용 이상의 필수 지식이 실려 있습니다.

이 책은 교과서의 단편적인 내용을 보다 입체적으로 새롭게 보여 줍니다.

그 밖에도 《프랑스 갈리마르 인물 역사 총서》가 주는 매력은 한두 가지가 아닙니다. 우리가 모르고 그냥 지나쳤던 역사의 수많은 발자취를 새롭게 발견할 때의 기쁨이란 이루 말할 수 없습니다. 그 기쁨의 주인공은 이제 여러분입니다.

이 책을 읽으면서 우리가 알고 있는 세계 역사와 문화를 보다 다양하고 입체적으로 바라볼 줄 아는 지혜를 얻길 바랍니다.

일러두기
① 국립국어원의 표기법에 따르며, 인명·지명은 되도록 해당 지역의 표기법에 따르도록 노력하였습니다.
② 세계 설화의 원문을 객관적으로 충실히 반영하여 독자에게 정확한 사실을 전달하는 것을 원칙으로 삼았습니다.
③ 어린 독자들에게는 좀 어려운 어휘 구사(반복, 비교 따위)를 고려하여, 완전히 각색하지 않고, 가급적 눈높이를 맞추도록 하였습니다.

 차례 contents

태양신 라 8

오시리스를 찾아 나선 이시스 16

호루스와 싸우는 세트 30

쿠푸 왕에게 바치는 이야기 44

조난자 이야기 56

형제 이야기 68

토트의 책 88

카데시 전투 104

저세상으로 가는 길 122

14 이집트의 신들

28 아스완에서 삼각주까지

42 이집트의 신전

54 파라오

66 이집트의 상업

86 이집트의 농업

102 이집트의 문자

120 이집트의 군대

132 죽은 자들의 세계

134 참고 문헌

태양신 라

옛날, 하늘도 없고 땅도 없고 죽음조차 없던 아주 먼 옛날, 태초의 바다 **눈***이 있었다. 우주에는 오직 눈만이 있어, 빛도 비치지 않았고 어떤 혼란도 없었다. 눈의 한가운데에 **아툼 라***가 있었다. 태초에 그가 말했다.

"나는 **케프리***다. 눈에서 첫 번째 언덕이 솟아나게 하여 그 위로 내가 높이 올라서니, 나는 **라*** 신이르다."

이렇게 해서 라는 첫 번째 신, 모든 신들의 아버지가 되었다. 라가 침을 뱉었고, 그 속에서 **슈***가 태어났다. 라가 두 번째로 뱉은 침 속에서 슈의 여동생 **테프누트***가 태어났다. 하지만 모두 떠나가고, 라의 마음은 슬픔으로 가득 찼다.

라는 눈물을 흘렸고, 그 눈물에서 인간이 태어났다. 이집트 사람, 아시아 사람, 누비아 사람, 리비아 사람들이었다.

눈
세계를 감싸고 있는 태초의 바다. 이 눈(태초의 바다)에서 모든 것이 창조되었고, 신도 만들어졌다.

아툼, 케프리, 라
이집트 인들은 태양을 떠오르는 태양 케프리, 천장점에 솟아오른 태양 라, 그리고 저물어 가는 태양 아툼, 이렇게 세 가지 형태로 보았다.

슈
대기와 빛의 신

테프누트
습기와 이슬, 세계 질서의 여신.

그가 인간들에게 말했다.

"너희들이 살아 번성할 수 있도록 내가 너희를 위하여 땅과 하늘, 식물과 동물, 새와 물고기를 만들리라."

그리고 나서 라는 자신의 오른쪽 눈에게 말했다.

"가서 나의 자식들을 찾아오너라!"

오른쪽 눈*은 우주를 돌아다녀 라의 자식들을 데려왔다. 라가 자식들에게 말했다.

"땅과 하늘을 만들어라!"

슈와 테프누트에게서 **게브***와 **누트***가 태어났다. 게브가 우주를 차지하고 눈을 밀어냈지만, 라는 **눈을 이집트의 나일 강처럼 땅에서 샘솟게 하여*** 해마다 그 고장에 넘쳐 흐르게 했다. 라가 아들 슈에게 말했다.

"땅과 하늘을 나누어라!"

슈는 게브와 누트 사이에서 여덟 개의 **헤후***와 네 쌍의 기둥을 창조하여 하늘을 떠받치고 하늘과 땅을 갈랐다.

마지막으로 게브와 누트에게서 오시리스, 하로에리스, 세트, 이시스와 네프티스가 태어났다. 게브는 오시리스에게 이집트 땅을, 세트에게 이집트 땅을 둘러싼 사막을, 하로에리스에게는 빛나는 대기를 주었다. 이시스는 오빠 오시리스와 결혼하고, 네프티스는 오빠 세트와 결혼했다.

오른쪽 눈
태초의 바다인 '눈'과는 다르다.

게브
땅의 신.

누트
하늘의 여신.

눈을 이집트의 나일강처럼 땅에서 샘솟게 하여
태초의 바다 '눈'을 샘솟게 한 것이니까 결국 물이 샘솟았다라는 말과 같은 뜻이다.

헤후
무한을 나타내는 신.

이렇게 해서 신과 인간이 생겨나고, 신과 인간이 사는 땅이 생겨나고, 바다와 대기에서 살고 땅 위를 달리는 동물이 생겨났다. 이것이 아툼 라 신의 궁전 헬리오폴리스의 신하들이 우리에게 전하는 이야기이다.

라는 자신의 궁전 헬리오폴리스에서 어떤 음모가 벌어지고 있는지 알고 있었다. 왕이 말했다.
"슈와 테프누트, 게브와 누트를 부르고, 내 아버지 눈과 그분의 측근들을 모두 모셔 오너라. 내가 전할 말이 있다."
모든 신들이 모이자 라 신이 말했다.

주체
짐스럽거나 귀찮은 것을 능히 처리함.

"오, 태초의 신이시여, 오 태고의 신들이여, 내 한쪽 눈의 눈물에서 태어난 인간들이 음모를 꾸미고 있습니다. 이러한 상황에서 여러분이라면 어떻게 할지 말씀해 주십시오. 나는 분노를 주체*할 길이 없지만, 함부로 그들을 죽이고 싶지는 않습니다."

"오, 내 아들 라여, 너의 왕좌는 굳건하고 네가 그 자들에게 불어넣는 두려움은 크도다. 그러니 음모를 꾸미는 자들에게 너의 한쪽 눈을 보내거라."

아버지 눈이 말했다.

"인간들을 보십시오. 저들은 우리가 모인다는 걸 알고 벌써 겁에 질려 사막으로 달아나고 있습니다."

라 신이 말했다.

"폐하의 한쪽 눈을 무시무시한 사자 여신 세크메트의 모습으로 인간들에게 내려 보내어 음흉한 음모를 꾀하는 그 자들을 붙잡아 없애 버리세요. 폐하의 눈은 두려움을 불러일으키는 강력한 무기입니다."

신들이 말했다.

여신 세크메트는 땅으로 내려가 사막으로 도망친 인간들을 쫓아갔다. 라 신의 분노는 너무나 커서 그 누구도 피할 수 없었다.

세크메트가 인간들을 없애는 살육의 임무를 마치고 나자, 왕이 세크메트에게 돌아오라고 전령을 보냈다.

하지만 피 맛을 본 세크메트는 돌아오지 않았다.

세크메트는 명령을 어기고 동이 트자마자 자신의 끔찍한 임무를 다시 시작하려고 사막으로 갔다. 라 신은 헬리오폴리스 궁전으로 돌아와 엘레판티네 섬*으로 전령을 급히 보내어 핏빛과 색깔이 비슷한 '디디'를 가져오게 했다. 또한 엄청난 양의 맥주를 만들게 했다. 모두 준비되자, 신하들은 붉은빛을 내기 위해 맥주에 디디를 약간 섞었다. 그리고 세크메트가 잠든 곳에서 그리 멀지 않은 곳에 가져다 놓은 7천 개가 넘는 술병에 가득 채웠다.

새벽녘에 눈을 뜬 세크메트는 눈앞에 펼쳐진 거대한 핏빛 호수를 보고는 그것이 피라고 생각했다. 핏빛 물을 맛본 세크메트는 취할 때까지 마셨다. 점점 기분이 좋아져서 인간에 대한 생각을 잊어버렸다.

그때부터 라 신은 해마다 하토르* 축제 때가 되면 엄청난 양의 술을 만들어, 여신 하토르가 인간의 피를 맛보지 못하도록 했다.

엘레판티네 섬
왕국(오늘날의 아스완) 남단에 있는 섬으로, 이곳에서 나일 강이 시작하고 정기적으로 범람했다.

하토르
기쁨과 음악의 여신. 세크메트는 하토르 여신의 끔찍한 모습을 상징한다.

고대 이집트의 신들은 셀 수 없이 많다. 각 도시마다 신을 모시는 신전이 있었고, 그 중요성은 시대에 따라 변해 왔다. 죽은 자들의 신인 오시리스, 그의 아내 이시스, 아들 호루스와 같은 몇몇 신들은 이집트 전역에 알려져 있었고, 시대를 가로질러 존재했다.

▶ 누트, 슈, 게브, 세계의 비유적 표현, 네스파카슈티의 장례식, 파피루스

◀ 아문, 청동, 이집트 왕국 쇠퇴기

◀ 이시스, 화장회칠에 채색하고 금박을 입힌 나무, 프톨레마이오스 시대

셀케트, 부분 사진, 장례용 토기들이 보관된 성막

슈
대기의 신. 위의 그림에서는 배에 올라탄 모습으로 나타나 있다. 슈 위에 하늘의 여신 누트가 보이고, 아랫부분에 땅의 신 게브가 누워 있다.

아문
테베의 위대한 신. 이집트 전역을 지키는 보호자가 된다. 사람들은 아문 신을 위해 거대한 신전들을 짓고 무수히 많은 보물을 바쳤다. 그에 대한 보답으로 아문 신은 이집트에 승리와 부를 가져다 주었다.

이시스
오시리스의 여동생이자 아내. 완벽한 아내와 어머니의 상징이다. 이집트 인들은 이시스가 가진 마법의 힘을 숭배했다.

셀케트
전갈 여신. 항상 머리에 전갈을 이고 있는 모습으로 나타난다. 죽은 자의 장기, 특히 내장을 지키는 신들 중 하나.

오시리스
늘 미라의 모습으로 표현된다. 유독 두 손이 두드러져 보이며, 왕권을 나타내는 두 개의 왕홀을 쥐고 있다. 죽은 자들의 왕.

이렇게 해서 라는 첫 번째 신, 모든 신들의 아버지가 되었다.

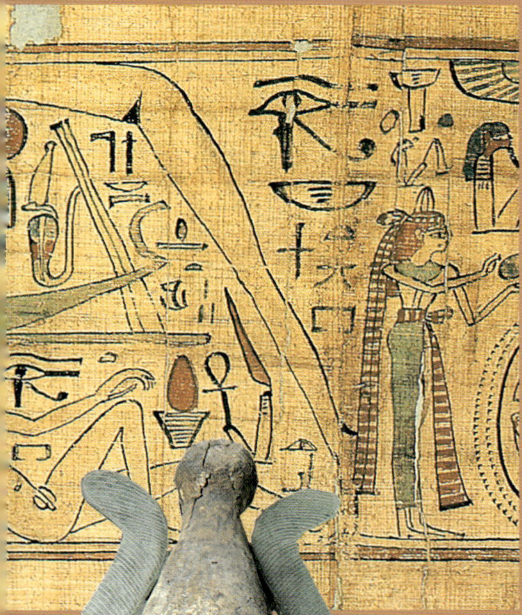

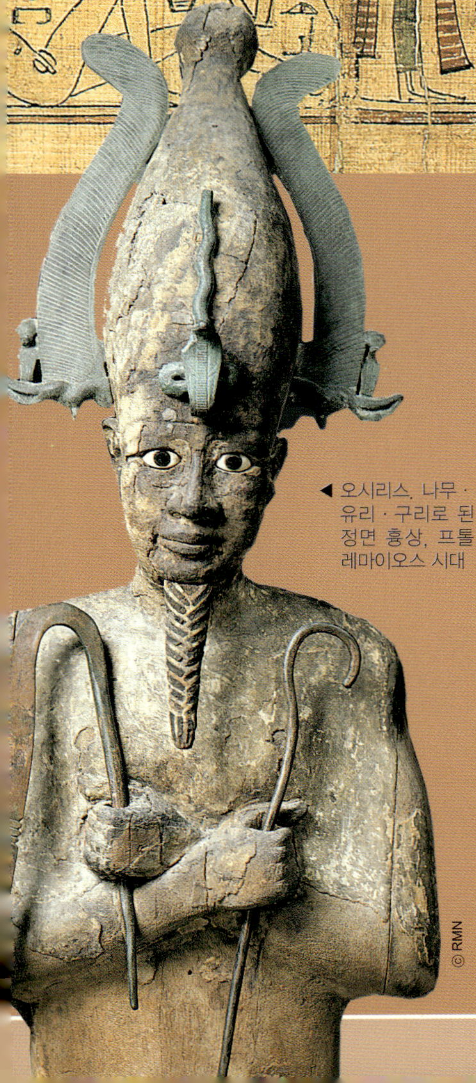

© RMN

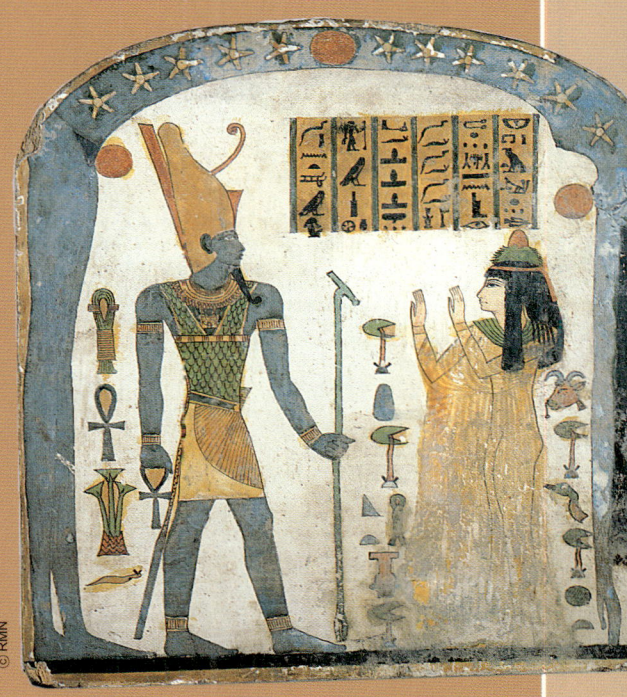

◀ 오시리스. 나무 · 유리 · 구리로 된 정면 흉상. 프톨레마이오스 시대

© RMN

▲ 아툼. 타페레트 부인의 묘석 뒷면. 아툼 신 앞에 선 부인. 이집트 왕국 쇠퇴기

© The Bridgeman Art Library

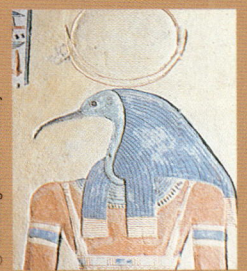

◀ 토트. 저부조. 테베 왕들의 계곡

토트

태양신 라의 고위 더신. 태양신이 밤의 세계로 가 있는 동안 지상에서 태양신의 자리를 대신한다. 달의 운행을 주관하며, 머리 위에 초승달을 이고 있다.

낮과 밤

이집트 인들은 하늘의 여신 누트가 밤이면 태양을 삼켰다가 아침이 되면 다시 뱉어 낸다고 상상했다. 그림 속의 여인은 저물어 가는 태양신 아툼에게 제물을 바치고 있다. 아툼 신은 상 이집트와 하 이집트의 왕관을 머리에 쓰고 있다.

오시리스를 찾아 나선 이시스

누트는 자신의 오빠 게브와 은밀한 관계를 맺어, 그의 자식들을 임신했다고 한다. 오시리스가 맨 먼저 태어났다. 호루스*와 하로에리스는 그 다음날 태어났다. 세트는 셋째 날 어머니의 옆구리를 찢고 나왔다고 한다. 이시스는 넷째 날, 그리고 마지막으로 네프티스는 다섯째 날 태어났다.

오시리스는 여동생 이시스와 결혼하여 이집트의 첫 번째 왕이 되었다. 그는 고대 이집트 인들에게 나일 강의 혜택과 해마다 변화하는 강의 범람을 이용하는 법을 가르쳐 수렵과 유목 생활에서 벗어나게 했다. 또한 땅을 경작하고 가축을 기르는 법도 가르쳤다. 포도를 주어 포도주 담그는 비법을 전해 주고, 율법을 주고, 신을 숭배하는 법도

호루스
오시리스와 이시스 사이에 태어난 아들 호루스와 다른 인물이다.

가르쳤다. 나일 강 유역 사람들과 헤어진 후에는 전 세계를 돌아다니며 모든 인간들에게 똑같은 지혜를 베풀었다. 그가 한 일들은 폭력이 아닌, 설득과 사랑으로 이루어 낸 것들이었다.

하지만 불행히도 세트는 모든 이들이 좋아하는 형을 점차 질투하게 되었다. 세트는 오시리스가 없는 틈을 타 부하 일흔두 명을 모아 형을 몰아내고 그의 왕국을 빼앗을 음모를 꾸몄다.

그는 몰래 형의 몸 치수를 재어 그에게 꼭 맞는 관 하나를 만들게 했다. 흑단*과 상아 장식을 박아 넣은 화려한 서양 삼나무 관이었다.

오시리스가 돌아오자, 세트는 자신과 함께 음모를 꾀한 자들이 모두 참석한 연회에 형을 초대했다. 다 같이 실컷 먹고 마시고 난 후, 세트는 그 관을 가져오게 했다. 모두 관의 빼어난 아름다움에 감탄했다. 세트는 관이 몸에 꼭 맞는 이에게 그것을 선물하겠다고 장난스럽게 말했다.

한 사람씩 관 속에 누워 봤지만, 관은 너무 컸다. 자기 차례가 되자, 오시리스도 관 속에 들어가 몸을 길게 뉘었다. 바로 그 순간, 세트와 그의 부하들은 서둘러 관 뚜껑을 닫고는 못을 박고 납으로 꽁꽁 막았다. 그들은 관을 강으로

흑단
감나뭇과의 키낮은 나무. 재목은 가구, 악기, 지팡이 따위의 재료로 쓴다. 인도와 말레이 반도가 원산지이다.

가져가 오시리스가 다시는 돌아오지 못하도록 강물에 던져 버렸다.

이시스는 남편이 세트에게 살해되고, 시신도 사라져 버렸다는 사실을 알고는 여동생 네프티스를 찾아갔다. 상복으로 갈아입은 두 여인은 머리를 풀어헤치고, 애처로운 목소리로 노래를 불렀다.

오, 아름다운 청년이여, 그대의 보금자리로 돌아오소서,
오래 전부터 우리는 그대를 보지 못하였네.
오, 갑자기 떠나 버린 아름다운 청년이여,
앞서 떠나간 불굴*의 청년이여,
우리 어머니의 배에서 첫 번째로 태어난 이여,
처음 모습 그대로 우리에게 돌아오소서,
우리가 그대를 얼싸안으니,
그대는 우리를 떠나지 못하리라.

이시스는 오시리스를 찾아 떠나기로 마음먹었다. 그녀는 아누비스*와 함께 이집트를 돌아다니다가 나일 강 쪽으로 내려갔다. 이시스는 사람들과 마주칠 때마다 물었다.
"강물에 실려 떠내려간 커다란 관을 보거나 얘기를 들으

불굴
온갖 어려움에도 굽히지 아니함.

아누비스
검은 개의 머리를 가진 신. 미라 만드는 일을 맡았다.

삼각주 지역
나일 강 하류 삼각주 지역을 말한다.

페니키아
현재의 레바논 연안 지대에 해당하는 지역.

비블로스
페니키아의 도시 중 하나.

타마리스크
가구나 조각상을 만드는 데 쓰이는 나무. 위성류라고도 하며, 원산지는 중국이다.

신 적이 있나요?"

그러던 어느 날, 삼각주 지역*의 습지대에서 양 떼를 지키던 어린 소년들이 이시스에게 다가와 말했다.

"나일 강 동쪽 지류에서 멋진 관을 보았다는 얘기를 들은 적이 있어요. 지금쯤 바다 쪽으로 떠내려가고 있을 거예요."

이시스는 강 하구에 도착했지만 아무것도 찾아내지 못했다. 그때 이시스는 종종 페니키아* 해변 쪽으로 떠내려가는 것들을 물살이 실어 온다는 사실을 알아냈다.

일은 이렇게 되었다는 것이다. 떠내려가던 관은 비블로스* 시로 천천히 방향을 바꾸었고, 물살에 실려 강기슭에 있는 타마리스크*의 발치에 이르렀다. 그때부터 이 나무는 괴상한 모양으로 자라났다. 나무뿌리가 관을 뒤덮더니, 관이 나무의 몸통 속으로 사라져 버렸다. 이상하게 자라는 타마리스크에 놀란 비블로스의 왕은 나무를 베어다가 자신의 궁전을 떠받치는 기둥을 만들라고 명령했다.

이 이야기를 들은 이시스는 곧장 비블로스로 갔다. 그곳에 도착한 이시스는 우물가에 앉아 하염없이 눈물을 흘릴 뿐, 그 누구에게도 말을 걸지 않았다. 왕비의 시녀들이 우연히 앞을 지나갔다. 이시스는 먼저 다가가서 상냥하게 인

향유
향기가 나는 기름.

사하며 말을 건넸다. 그녀는 시녀들의 머리를 땋아 주고, 몸에 향유*를 발라 주겠다고 했다.

시녀들이 궁전으로 돌아왔을 때, 왕비는 시녀들의 머리 모양이 바뀌었을 뿐만 아니라 몸에서 좋은 향기가 난다는 것을 알아차렸다.

왕비는 기적을 일으킨 이름 모를 여인을 만나 보고 싶었다. 왕비는 그녀를 찾으러 사람을 보냈다. 그리하여 왕비와 이시스는 곧 절친한 친구가 되었다.

이제 막 왕자를 낳은 왕비는 이시스를 왕실 유모로 삼아 왕자를 돌보게 했다. 이시스는 자신의 손가락을 물려 아기를 달래고, 밤이 되어 왕실 사람들이 잠들면, 아기의 몸에서 사람을 해치는 악마들을 불로 쫓아내는 의식을 치렀다.

때때로 그녀는 제비로 변신하여, 궁전 지붕을 받치는 기둥 주위를 파닥파닥 날아다니며 구슬프게 울었다.

왕자의 몸에서 악마를 쫓아내는 의식은 왕비에게 들키기 전까지 계속되었다. 어느 날 밤, 불 의식을 치르는 장면을 본 왕비는 겁에 질려 큰 소리로 비명을 지르며 이시스를 막았다. 이시스는 왕비를 진정시키기 위해 화려한 여신으로 모습을 바꾸었다. 그리고 왕비에게 자신의 이름을 밝혔다. 여신의 아름다운 모습에 넋을 잃은 왕비는 머리를 조아리

며* 용서를 구했다.

이시스는 왕비에게 궁전 지붕을 떠받치고 있는 기둥을 달라고 했다. 이시스는 누구의 도움도 받지 않고 타마리스크 나무를 베어 내고, 빈 자리에는 마법의 힘을 이용하여 거대한 서양삼나무 기둥을 세워 주었다. 그리고 나서 그녀는 타마리스크 나무의 몸통을 갈라 관을 끄집어 냈다.

관이 드러나자, 그녀는 고통스러운 신음 소리를 내며 관으로 와락 달려들었다. 그녀는 얇은 아마포*로 관을 감싸서 이집트로 실어갈 배까지 운반하게 했다. 관을 빼내고 남은 둥치는 비블로스 시에서 오시리스를 숭배할 수 있도

조아리다
상대편에게 존경의 뜻을 보이거나 애원하느라고 이마가 땅에 닿을 정도로 머리를 자꾸 숙이다.

아마포
아마의 실로 짠 얇은 직물을 통틀어 이르는 말.

오시리스를 찾아 나선 이시스 ■ 23

록 향유를 발라 왕과 왕비에게 주었다.

 이집트에 도착하자, 이시스는 나일 강 삼각주의 어느 황량한 장소에 관을 숨겨 두었다. 습지로 둘러싸이고 키 큰 갈대로 뒤덮인 작은 언덕이었다. 그곳에서 이시스는 관을 열었다. 남편의 시신을 본 순간, 그녀는 시신을 끌어안고 남편 얼굴에 자신의 얼굴을 갖다 댄 후, 하염없이 눈물을 흘렸다.
 이윽고 눈물을 거둔 이시스는 제비로 변하여 남편의 시신 위에 올라앉았다. 그녀는 날갯짓을 하여 오시리스에게 생명의 숨결을 불어넣었다. 그리하여 마침내 그녀는 아들

호루스를 잉태*하였다. 그녀는 모든 이들에게서 멀리 떨어진, 늪지 한가운데 있는 작고 외딴 섬에서 홀로 아이를 낳았다.

호루스가 쑥쑥 자라 젖을 떼자, 이시스는 부토 시에 사는 여신 우아지트*를 찾아가 아이를 맡겼다. 오시리스의 왕좌를 빼앗은 세트의 손아귀에서 아들을 보호하기 위해서였다. 오시리스의 아들이 있다는 사실을 세트가 알면 아이를 찾아내서 죽일 게 분명했다.

이시스는 자신과 멀리 떨어져서 자라는 아들을 보러 갈 때를 빼고는, 은신처에 숨겨 둔 오시리스의 시신 곁에서 수년의 세월을 보냈다.

잉태
아이나 새끼를 뱀.

우아지트
삼각주 지대의 부토 시에서 태어난 뱀과 코브라의 여신. 하 이집트의 여신이다.

겹다
정도나 양이 지나쳐 참거나 견뎌 내기 어렵다.

어느 날 이시스가 자리를 비운 사이, 세트가 삼각주의 늪지대로 사냥을 나왔다. 세트는 그곳에서 우연히 관을 보았는데, 그 안에 담긴 것이 형의 시신이라는 것을 알아차렸다. 분노에 겨워* 날뛰던 세트는 형의 시신을 열네 토막으로 잘라 하늘을 향해 던졌다. 형의 몸뚱이를 이집트 전역으로 흩어지게 해서 다시는 온전한 하나의 몸으로 합쳐지지 못하게 하기 위해서였다.

잠시 후, 은신처로 돌아온 이시스는 남편의 관이 비어 있다는 사실을 알았다. 남편의 시신을 감쌌던 소중한 아마포가 갈기갈기 찢긴 채 땅바닥에 흩어져 있었던 것이다. 세트의 분노가 어땠는지 알 수 있었다.

이시스는 또다시 시신을 찾아 나섰다. 하지만 이번에는 나일 강 계곡에 흩뿌려져 있는 열네 토막의 시신을 하나하나 찾아야 했다. 그녀는 상 이집트의 아비도스 시에서 머리를, 하 이집트의 부시리스에서는 척추를 찾아냈다.

그녀는 시신을 한 토막 한 토막 발견할 때마다, 그 자리에 윗부분이 둥그스름한 무덤 모양의 언덕을 만들고 그 위에 네 그루의 나무를 심었다. 쑥쑥 자라나 오시리스의 부활을 상징하게 될 나무들이었다.

이렇게 해서 이시스는 남편의 시체 토막을 모두 모았지

만, 성기만은 찾을 수 없었다. 옥시린코스*가 이미 삼켜 버린 뒤였다.

이시스는 아누비스의 도움을 받아 시신에 귀중한 향유를 바르고 붕대를 감아 오시리스의 몸을 복원해 냈다.

오시리스에게 원래의 모습을 돌려주고 영원한 생명을 주기 위해서였다.

옥시린코스
고대 이집트에서 숭배하던 물고기.

아스완에서 삼각주까지, 나일 강은 이집트에 물을 대주고 비옥한 토지를 주었다. 강을 따라 이어지는 좁고 비옥한 지대를 벗어나면 사막 지대이다.

성스러운 새 따오기
오늘날엔 나일 강 계곡에서 사라졌지만, 이집트 인들은 따오기를 토트 신의 성스러운 두 동물 중 하나로 여겼다. 토트 신은 특히 헤르모폴리스에서 숭배되었는데, 그곳의 사제들은 따오기의 모습을 한 신이 세상을 창조했고, 따오기가 낳은 알에서 태양이 태어났다고 상상했다.

▲ 성스러운 새 따오기

◀ 이집트의 독수리

이집트의 독수리
특히 이집트 남부 지역에 많이 산다. 이상하게도 독수리는 신격화되지 않지만, 상형 문자의 기호로 사용된다.

오시리스는 고대 이집트 인들에게 나일 강의 혜택과 해마다 **변화하는 강의 범람**을 이용하는 법을 가르쳐 수렵과 유목 생활에서 **벗어나게** 했다.

▲ 오늘날의 나일 강 계곡. 꽃이 핀 복숭아나무와 바나나무

악어
댐이 건설된 후로 나일 강가에서 아스완 북부에 이르는 지역에는 더 이상 나타나지 않는다.

소베크 신
악어는 물과 다산의 신인 소베크 신을 상징한다. 둥근 태양을 머리에 이고 있는 소베크 신은 '소베크라'라는 이름으로 숭앙받았다.

▶ 나일 강의 악어

▶ 악어 신 소베크의 조각상. 청동, 이집트 왕국 쇠퇴기

◀ 나무와 청동으로 된 성스러운 따오기(동물의 형상을 한 토트 신) 조각상. 이집트 왕국 쇠퇴기

하마

▶ 하마 조각상. 파란색 도자기, 이집트 중왕국 시대

하마
이제 이집트에는 하마가 없지만 고대 이집트 인들에게 하마는 공포의 대상이었다. 그들은 파피루스로 만든 약한 배를 타고 하마를 공격했다.

하마와 신들
암컷 하마는 두리뭉실한 모습 때문에 임신부와 출산을 돌보는 타우에리스 여신과 연결되었으며, 사나운 동물이어서 두려움의 대상이 되기도 했다. 사람들은 하마를 혼돈에, 그리고 세트 신에 연결시켰다.

호루스와 싸우는 세트

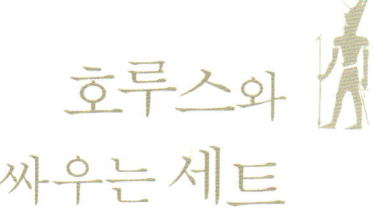

위대한 신, 우주의 주인 라는 신들 중에서 막강한 두 세력으로 꼽히는 호루스와 세트 사이의 분쟁을 해결하기 위해 헬리오폴리스 궁전에 법정을 세웠다. 호루스와 세트 모두 위대한 신이요, 지상의 왕인 오시리스의 유산이 자기 것이라고 주장하였기 때문이다.

오시리스의 아들 호루스는 여신 이시스의 몸에서 태어나 모든 신들에게 사랑 받는 아름다운 청년이었다.

오시리스의 동생이며 호루스의 삼촌인 세트는 사막의 신이며, 힘센 전사였다.

라 신의 곁에는 서기장인 고관* 토트가 있었다.
세트가 끼어들었다.
"호루스를 나와 함께 내보내 주시오. 내가 가장 강하다

고관
지위가 높은 벼슬이나 관리.

는 걸 증명해 보이겠소!"
그러자 토트가 세트에게 대답했다.
"여기는 헬리오폴리스 궁전에 세워진 법정이란 것을 잊지 마시오. 오시리스의 아들 호루스가 여기 이렇게 버젓이 살아 있는데, 오시리스의 유산을 세트에게 넘겨줄 수 있겠습니까?"
분노의 신 세트가 일어나서 말했다.
"난 모든 신들 중에서 가장 센 세트요. 그러니 오시리스의 유산은 내가 가져가야겠소."
모여 있던 신들이 웅성거렸다. 몇몇 신들이 소리쳤다.
"누트의 아들 세트의 말이 옳습니다! 그에게 왕좌를 물려주시오. 훨씬 힘 세고 경험 많은 삼촌이 있는데, 한낱 어린애에게 어찌 왕좌를 물려줄 수 있겠습니까?"
그러자 또 다른 목소리들이 외쳤다.
"오시리스의 몸에서 태어난 아들이 있는데, 어찌 삼촌에게 왕위를 넘겨준단 말입니까?"
말할 차례가 돌아오자 호루스가 말했다.
"물론 저는 어리고 세트 삼촌만한 열정도 없습니다. 하지만 그렇다고 해서 제 아버지 오시리스 폐하의 왕위를 제게서 빼앗는 것은 부당합니다*!"

부당하다
이치에 맞지 않다.

호루스의 어머니 이시스는 아들의 편을 들며 신들에게 호루스를 지지해 달라고 호소했다. 세트는 여신 이시스의 말과 계략을 두려워해야 한다는 걸 깨달았다. 세트는 신의 법정을 주재*하는 우주의 주인 라 신을 돌아보며 말했다.

"위대한 마법사인 이시스가 이곳에 있는 한, 나는 이 문제를 더 이상 논의하지 않겠소. 그녀를 이 법정에서 내보내 주시오!"

그러자 라 신이 대답했다.

"좋다! 모두들 중앙섬으로 가라. 가서 이 두 사람을 심판하고, 뱃사공 안티*에게는 이시스든 이시스를 닮은 어떤 여자든 물을 건너게 해서는 안 된다고 전하라!"

이렇게 해서 법정은 아무도 건너올 수 없는 중앙섬으로 옮겨 가게 되었다.

주재
어떤 일을 중심이 되어 맡아 처리함.

안티
이집트 왕들의 수호신 중 하나.

이시스는 아들을 지키겠다는 생각을 포기하지 않고 한 가지 새로운 계략을 생각해 냈다. 파파 할머니로 변신한 그녀는 빵주머니를 들고, 한 손에는 작은 금반지를 끼었다. 그녀는 뱃사공 안티에게 다가가 말했다.

"내 아들이 저 섬에서 양을 치고 있는데, 아무도 저 섬에 갈 수가 없어서 닷새째 굶고 있소."

그러자 뱃사공이 대답했다.
"난 할머니를 위해 아무것도 해 줄 수가 없어요. 어떤 여자도 강을 건네줘서는 안 된다는 명령을 받았거든요."
이시스가 고집했다.
"이시스만 못 건네게 하면 되는 거 아니오. 난 저 섬에서 양을 지키는 가여운 내 아들만 바라보며 평생 살아온 늙은 할망구라오."
안티가 늙은 노파에게 물었다.
"강을 건네주면 나한테 뭘 줄 거요?"
"신선하고 맛 좋은 이 큼지막한 빵을 하나 주리다."
"고작 빵 덩어리인가요? 난 어떤 여자도 강을 건네게 해서는 안 된다는 명을 받았다구요."
뱃사공이 **반박***했다.
"그럼 이 금반지를 주리다. 하나뿐인 내 아들의 목숨이 달린 일인데 금이 다 무슨 소용이겠소?"

반박
어떤 의견, 주장, 논설 따위에 반대하여 말함.

안티는 금반지를 받고 이시스를 배에 태워 섬에 데려다 주었다.

나무 그늘 아래를 지나가던 이시스는 여러 신들이 숲 속 빈터에서 라 신을 둘러싸고 앉아 호루스와 세트가 주고받는 논쟁을 주의 깊게 듣고 있는 것을 보았다. 이시스는 자신의 움직임을 세트가 쳐다본다는 것을 알고 마법의 주문을 외워 젊은 여인으로 변신했다. 이집트의 어떤 여인도 비교할 수 없을 만큼 아름다운 여인의 모습이었다. 그녀를 본 세트는 그녀를 갖고 싶은 욕망에 사로잡혔다. 재판관들이 호루스의 주장을 듣고 있는 동안 살그머니 법정에서 빠져 나온 세트는 무화과나무* 아래에 있는 그녀에게 다가와 말을 건넸다.

"아름다운 여인이여, 그대와 함께 즐거운 시간을 보내고 싶소."

그러자 젊은 여인이 대답했다.

무화과나무
가구와 조각상을 만드는 데 쓰였다. 하토르 여신, 누트 여신과 관련된다.

"제가 어찌 즐거이 지낼 생각을 할 수 있겠사옵니까, 폐하? 저는 양치기의 아내이옵고, 남편과의 사이에 아들을 하나 두었습니다. 남편이 죽자, 아들이 제 아비의 뒤를 이어 양 떼를 맡았습니다. 그런데 웬 이방인*이 나타나 아들에게서 양 떼를 빼앗고 우리를 집에서 내쫓겠다고 위협했습니다. 간청하옵건대, 폐하, 저희 가족을 지켜 주시옵소서!"

여인을 향한 욕망에 눈이 먼 세트가 대답했다.

"그대의 말이 옳소. 죽은 이의 아들이 살아 있는데, 한낱 이방인이 어찌 죽은 자의 재산을 가로챌 수 있단 말이오?"

그러자 이시스는 솔개로 변하여 나무 꼭대기에 올라앉았다.

"너 자신을 탓하거라. 네 입이 널 비난하는 말을 내뱉었으니, 스스로 너를 심판했구나."

세트는 속았다는 것을 깨닫고, 법정으로 돌아와 라 신에게 모든 이야기를 전했다.

그러자 라가 말했다.

"그렇다. 바로 그대가 그대 자신을 심판한 것이다! 이제 무엇을 더 원하는가?"

라 신은 재판관들을 향해 말했다.

이방인
다른 나라에서 온 사람.

"여러분도 듣지 않았습니까? 무엇을 더 논하겠습니까? 판결문을 써 주시고, 오시리스의 아들 호루스의 머리에 오시리스의 왕관을 씌워 주시오!"

라 신의 판결에 세트는 엄청난 분노에 휩싸여 소리쳤다.

"호루스에게 왕관을 주어선 안 되오. 우리 둘이 대결하여 이긴 자가 왕관을 차지하게 해 주시오!"

세트에게로 마음이 기운 라가 제안을 받아들였다.

세트는 호루스 앞으로 가서 결투를 신청했다.

"자, 우리 둘이 하마로 변하여 물속으로 들어가자. 석 달을 참지 못하고 물 밖으로 머리를 내미는 자가 왕좌를 내놓는 거다."

두 적수가 하마로 변하여 물속으로 뛰어들었다. 이시스는 호루스의 목숨이 위태로울까 걱정되기 시작했다. 그녀는 밧줄을 가져다가 구리로 된 작살*을 매어 세트와 호루스가 뛰어든 물속으로 던졌다. 하지만 작살은 호루스의 몸에 꽂혔고, 호루스는 비명을 질렀다.

"살려 주세요, 어머니! 살려 주세요! 어머니가 던진 작살이 제 몸에서 떨어지게 해 주세요. 저는 어머니의 아들 호루스예요."

깜짝 놀란 이시스는 외마디소리를 지르고는 작살에게 아

작살
활 모양의 무기로, 몸집이 큰 물고기를 사냥할 때 쓴다.

들의 몸에서 떨어지라고 명령했다. 그리고 다시 한 번 작살을 물속으로 던졌다. 이번에는 세트의 몸에 제대로 꽂혔다. 세트는 비명을 내지르며* 이시스에게 간청했다.

"내 누이 이시스여, 내가 너에게 무슨 짓을 했다고 이러느냐? 나는 한 어머니에게서 태어난 네 오라비다. 네 무기에게 내게서 떨어지라고 일러라."

안쓰러운 마음이 든 이시스는 세트의 몸에서 떨어지라

내지르다
냅다 소리를 내다.

고 작살에게 엄명을 내렸다. 그러자 토트가 라 신에게 말했다.

"폭력이 오랜 시간 계속되었습니다. 이제는 죽은 자들의 왕국을 통치하는 오시리스에게 편지를 보내 후계자를 선택하라고 하십시오."

편지가 아멘티*에 있는 오시리스에게 전해졌다. 오시리스는 즉시 답장을 보내왔다.

"어째서 내 아들 호루스에게 고통을 주십니까? 내가 지상을 지배할 때 당신들을 먹여 살린 건 내가 아니었습니까? 당신들의 집에 매일 제물이 놓이도록, 인간들이 보리와 밀을 발견하게 하고 가축을 기르도록 가르친 건 내가 아니었습니까? 인간들에게 밭 가는 법을 가르치고 당신들이 옷을 입도록 천 짜는 법을 가르친 것도 내가 아니었습니까? 당신들의 코를 즐겁게 해 줄 향이 어디 있는지 보여 준 것 역시 내가 아니었습니까? 그런데 어째서 당신들은 지상에 정의가 자리 잡지 못하게 하는 겁니까? 지금 내가 살고 있는 나라에는 그 무엇도 두려워하지 않는 사나운 귀신들이 가득합니다. 내가 귀신들을 내보내면 그들은 못된 짓을 저지르는 자들의 심장을 내게 가져올 겁니다. 잊지 마십시오. 모든 신과 인간들이 언젠가 나의

아멘티
서방세계, 죽은 자들의 왕국. 세트에게 죽임을 당한 오시리스가 아멘티를 지배했다.

왕국 아멘티에 쉬러 올 것입니다. 잊지 마십시오. 정의 없이는 질서도 없다는 것을! 진리와 정의의 여신 **마아트***가 기뻐할 수 있도록 내 아들 호루스에게 왕좌를 물려주십시오!"

편지를 받은 라 신은 신의 법정에 모인 재판관들 앞에서 편지를 읽었다. 신들은 **한목소리***로 세트와 호루스를 불러냈다.

"세트, 그대는 어째서 호루스와 그대가 심판받는 걸 피하려 하며, 어째서 호루스의 것을 빼앗으려 하는가?"
라가 세트에게 물었다.

"그건 사실이 아닙니다. 우주의 주인이신 라 신이여, 오시리스와 이시스의 아들인 호루스를 불러 그에게 오시리스의 왕좌를 물려주십시오!"

이렇게 해서, 신들은 호루스를 찾아가 그의 머리에 왕관을 씌워 주었다. 그들은 호루스를 오시리스의 왕좌에 앉히며 말했다.

"그대는 신들에게 사랑받는 지상의 완벽한 왕이며, 시간

마아트
진리와 정의, 정치, 질서의 보장을 다스리는 여신.

한목소리
여럿이 함께 내는 소리.

이 다할 때까지 모든 나라의 군주요!"
라 신이 말했다.
"누트의 아들 세트는 내게 맡겨 주시오. 그는 내 곁에서 아들처럼 지내게 될 것이오. 그는 천둥 같은 자이니, 그가 호령*하면 내 적들이 두려움에 떨 것이오."
라 신은 그 자리에 모인 신들을 돌아보며 덧붙였다.
"호루스가 지상의 군주가 되었으니 기뻐하고 그에게 환호를 보내시오. 이시스의 아들 호루스 앞에서는 땅에 머리가 닿도록 경배*하시오."

호령
부하나 동물 따위를 지휘하여 명령함.

경배
존경하여 공손히 절함.

이집트의 신전은 신이 머무는 처소이자 궁전이다. 사제들, '신을 섬기는 자들', 그리고 신을 섬기는 자들의 우두머리인 파라오만이 신전에 들어갈 수 있었다. 신전은 높은 벽과 육중한 문들로 둘러싸인 닫힌 장소이다. 천장이 없어 하늘이 올려다보이는 첫 번째 뜰을 지나면, 신이 머무는(실제로는 신의 조각상이 있는) 성상 안치소에 이르기까지 들어갈수록 모든 것이 점점 더 폐쇄되어 있고, 신비로운 분위기를 자아낸다.

제물
조각상 안에서 살아 숨쉬는 신에게는 하루에 세 번 제물(음료와 음식)을 바쳤다. 물론 신은 제물의 정수만을 들이마셨다. 신에게 바친 제물들은 신전을 지키는 사람들에게 나누어졌다.

▶ 향로. 파피루스 줄기, 끝부분은 청동으로 된 매의 머리 모습, 이집트 왕국 쇠퇴기

에드푸 신전
룩소르와 아스완 사이에 있는 호루스 신의 궁전. 세계적으로 잘 보존되어 있다.

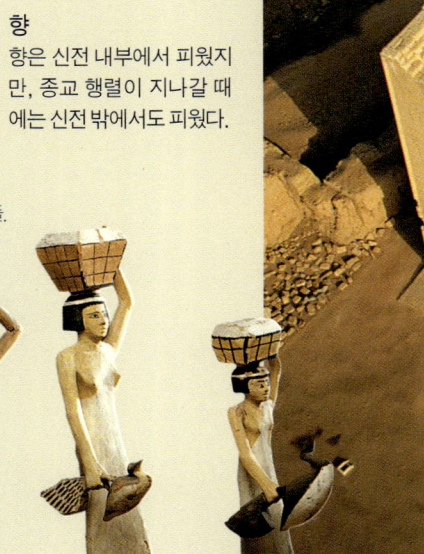

호루스가 지상의 군주가 되었으니, 기뻐하고 그에게 환호를 보내시오.

향
향은 신전 내부에서 피웠지만, 종교 행렬이 지나갈 때에는 신전 밖에서도 피웠다.

▼ 나크티에게 바치는 제물을 이고 나르는 여인들. 이집트 아시우트, 나무, 이집트 중왕국 시대

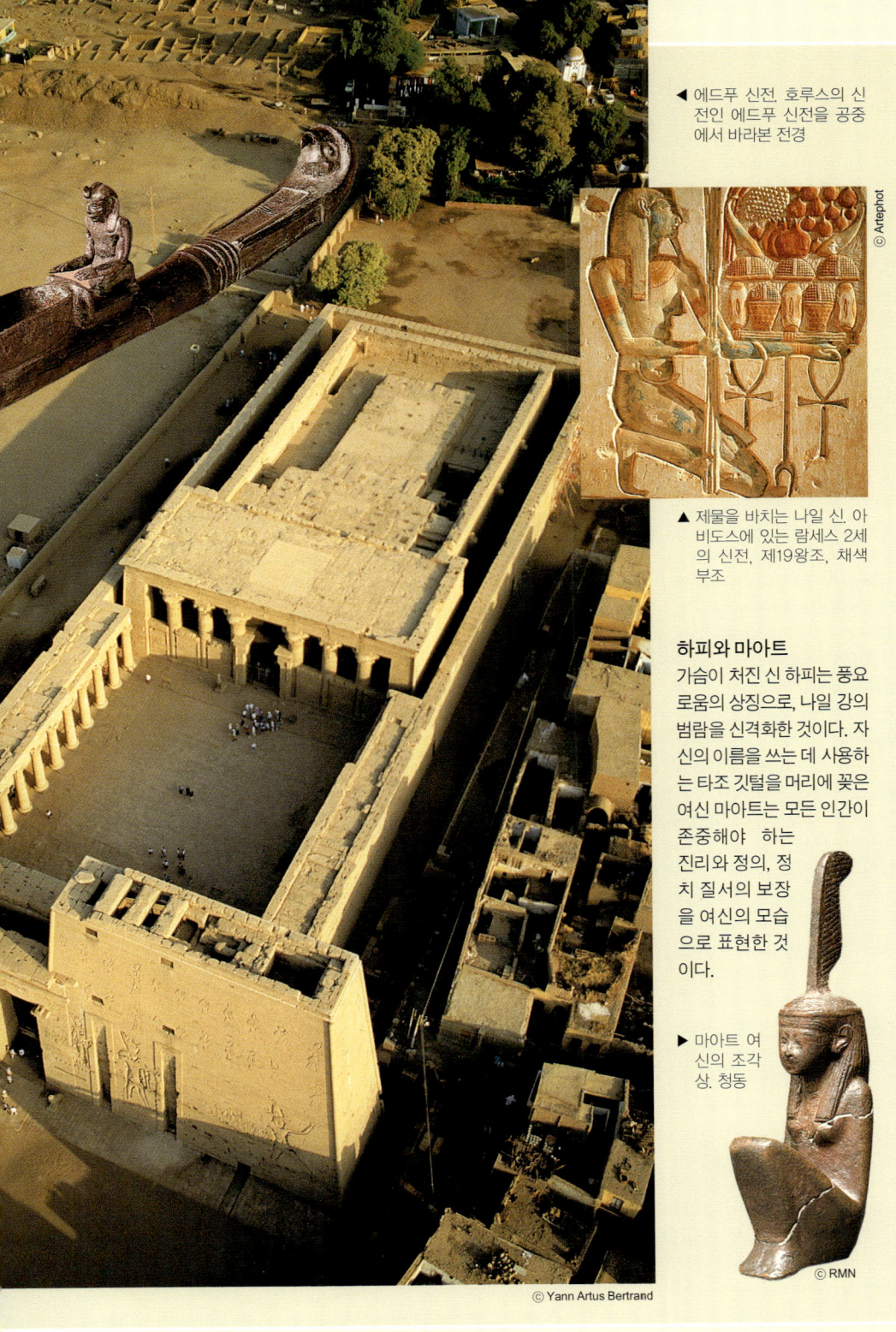

◀ 에드푸 신전. 호루스의 신전인 에드푸 신전을 공중에서 바라본 전경

▲ 제물을 바치는 나일 신. 아비도스에 있는 람세스 2세의 신전, 제19왕조, 채색 부조

하피와 마아트

가슴이 처진 신 하피는 풍요로움의 상징으로, 나일 강의 범람을 신격화한 것이다. 자신의 이름을 쓰는 데 사용하는 타조 깃털을 머리에 꽂은 여신 마아트는 모든 인간이 존중해야 하는 진리와 정의, 정치 질서의 보장을 여신의 모습으로 표현한 것이다.

▶ 마아트 여신의 조각상. 청동

쿠푸 왕에게 바치는 이야기

상하 이집트의 왕 **쿠푸***는 심심했다. 궁전 안을 돌아다녀 봐도 **무료함***은 가시지 않았다. 그는 왕자들을 불러들여 놀라운 이야기로 자신을 즐겁게 해 달라고 부탁했다.

왕자 카프라가 일어나 말했다.
"폐하께 네브카 왕 시대에 있었던 놀라운 이야기를 해 드리겠습니다.
네브카 왕은 **앙크타우이***에 있는 프타 신전에 갈 때마다 우두머리 **신관*** 우바오네르에게 같이 가자고 했어요. 그러던 어느 날, 우바오네르의 아내가 남편이 없는 틈을 타서 이웃집 남자를 유혹했지요. 우바오네르의 아내는 남자 손님과 함께 즐거운 시간을 보내기 위해 시종에게 정원의 별채를 잘 정리해 놓으라고 지시했습니다. 남자가

쿠푸
이집트 제4왕조의 2대 왕. 기원전 2589년~2566년경에 이집트를 통치했다.

무료하다
흥미 있는 일이 없어 심심하고 지루하다.

앙크타우이
멤피스 시. 당시 이집트의 수도였다.

신관
신을 받들어 모시는 일을 맡은 관직, 또는 그런 사람.

7푸스
약 13cm.

7쿠데
약 3.65m.

도착하자, 우바오네르의 아내는 별채로 그를 맞아들였고, 두 사람은 술을 마시며 함께 하루를 보냈어요. 밤이 되자, 남자는 별채 근처에 있는 연못으로 목욕을 하러 갔어요. 우바오네르가 집을 비울 때마다, 그의 아내는 집으로 남자를 불러들였습니다. 시종은 안주인의 그러한 행동이 무척 유감스러워 바깥주인에게 알리기로 마음먹었습니다. 시종의 이야기를 들은 우바오네르는 7푸스* 길이의 밀랍 악어를 만들어 마법의 주문을 걸었어요.

'내 연못에 목욕하러 오는 자는 누구든 붙잡아라. 특히 내가 집에 없을 때마다 내 아내가 불러들이는 그 사내를.' 하고 말이지요.

우바오네르는 시종에게 밀랍 악어를 주고, 사내가 연못에 들어가면 그것을 연못에 던지라고 명했습니다.

다음 날 우바오네르가 프타 신전으로 떠나자, 그의 아내는 남자를 또 불러들여 늘 그랬던 것처럼 함께 시간을 보냈습니다. 밤이 되자, 남자는 연못에 목욕을 하러 갔지요. 시종은 주인의 명령에 따라 연못에 밀랍 악어를 던졌습니다. 그러자 밀랍 악어는 갑자기 7쿠데*짜리 악어로 변하더니, 사내를 물고 연못 속으로 들어가 버렸습니다.

얼마 후, 프타 신전에서 일주일 동안 머문 네브카 왕이 우바오네르와 함께 궁전으로 돌아갈 채비를 하는데, 우바오네르가 왕 앞에 나와 말했습니다.
'폐하, 저와 함께 놀라운 일을 보러 가시지 않겠습니까?'
왕은 허락했지요. 왕이 자신의 집 연못 앞에 서자, 우바오네르는 악어를 불러 사내를 데려오라고 명령했습니다. 그러자 악어는 아직 숨이 붙어 있는* 사내를 입에 물고 연못 밖으로 나왔지요. 그리고 다음 순간, 악어는 손바닥만한 밀랍 인형으로 변했습니다.
네브카 왕은 기적과도 같은 그 일을 보고 무척 감탄했지요. 우바오네르는 왕에게 사내가 자신의 아내와 벌인 짓을 이야기했어요. 그러자 왕이 악어에게 말했습니다.
'네가 물고 온 것을 이제 가져가거라!'
악어는 다시 연못으로 들어가 버렸어요. 악어가 사내를 물고 어디로 갔는지는 아무도 모릅니다. 그리고 나서 왕은 우바오네르의 아내를 잡아다가 사형을 시켰지요."

주의 깊게 이야기를 들은 쿠푸 왕이 말했다.
"상하 이집트의 왕 네브카에게 빵 천 개와 술 백 단지, 소 한 마리와 향 두 되를 제물*로 바치고, 우두머리 신관 우바오네르에게는 빵 한 개와 술 한 단지, 고기 한 조각과

숨이 붙어 있다
간신히 살아 있다.

제물
여기서는 네브카 왕과 우바오네르의 장례식이 있었던 교회에 바치는 봉헌물을 말한다.

쿠푸 왕에게 바치는 이야기 ■ 47

향 한 되를 바쳐라. 그의 지식이 어느 정도인지 내가 확인하였으니."

이번에는 쿠푸 왕을 즐겁게 해 주기 위해 바우프레가 일어났다.

"스네페루 왕 시절의 놀라운 이야기가 있습니다. 스네페루 왕의 우두머리 신관은 자자엠안크였지요.

어느 날, 스네페루 왕은 재미있는 일이 없을까 하고 궁전 구석구석을 돌아보았습니다. 하지만 아무것도 없었어요. 그래서 왕은 우두머리 신관 자자엠안크를 불렀지요. 심심하다고 말하자, 자자엠안크가 대답했어요.

'궁전 호수로 가셔서 사람들에게 아리따운 궁녀들과 배 한 척을 **대령***하라 명하세요. 그 여인들이 노 젓는 모습만 보고 계셔도 지루한 마음이 진정될 겁니다.'

왕은 즉시 명령을 내렸어요.

'왕실의 배를 준비하고, 황금을 입힌 흑단나무 노 스무 개를 갖추어라. 또한 몸이 아름다운 여인 스무 명을 데려가, 아름다운 몸매를 감상할 수 있도록 얇은 옷을 입혀라.'

사람들은 왕의 명령에 따라 움직였어요.

젊은 여인들이 배에서 노를 젓기 시작하자, 왕은 즐거워

대령
윗사람의 지시나 명령을 기다림.

했지요. 그런데 배 뒤쪽에서 노를 젓고 있던 여인 하나가 노 젓기를 멈추자, 함께 노를 젓던 여인들도 손을 놓았어요. 왕이 여인들에게 왜 노를 젓지 않느냐고 묻자, 여인들이 대답했어요.

'우리 친구가 손을 멈추었으니까요.'

왕은 그 여인에게 이유를 물었습니다.

'터키옥*으로 만든 제 귀고리 한 짝이 물속에 빠져 버렸습니다.'

여인이 대답했지요.

왕이 다른 것을 주겠다고 했지만 젊은 여인은 거절했어요. 왕은 어찌해야 할지 몰라, 자자엠안크를 불러 사정을 이야기했습니다. 그러자 자자엠안크는 마법의 주문을 외

터키옥
푸른 빛이 도는 보석.

워 호수 물의 절반을 한쪽으로 밀어내고 호수 바닥에 떨어진 귀고리를 찾아냈어요. 자자엠안크는 그것을 주워 주인에게 돌려주었습니다. 그러고는 다시 주문을 외워 호수 물을 제자리로 돌려놓았어요. 왕은 즐거운 하루를 보냈고, 자자엠안크의 공로도 보상해 주었어요."

이야기를 주의 깊게 들은 쿠푸 왕이 말했다.
"상하 이집트의 왕 스네페루에게 빵 천 개와 술 백 단지, 소 한 마리 그리고 향 두 되를 제물로 바쳐라. 그리고 우두머리 신관 자자엠안크에게는 빵 한 개와 술 한 단지, 고기 한 조각과 향 한 되를 바쳐라. 그의 지식이 어느 정도인지 내가 확인하였으니."

이번에는 왕자 제데프라가 일어섰다.

"쿠푸 폐하, 폐하께서는 이제까지 과거의 마법사들이 했던 일을 들으셨습니다. 하지만 폐하께서 통치하시는 지금도 마법을 쓸 줄 아는 학자가 있지요."

"내 아들 제데프라야, 그게 누구더냐?"

왕이 물었다.

"제디라는 자인데, 백한 살의 노인인데도 여전히 젊습니다. 그는 베여 나간 머리를 다시 붙일 수 있고, 사자를 묶은 끈을 땅에 내려놓고도 사자를 뒤따라오게 할 줄 압니다."

왕은 제데프라에게 제디를 직접 찾아오라고 명령했다. 제데프라는 제디를 찾아가 말했다.

"내 아버지 쿠푸 폐하께 당신을 데려가려고 왔소. 궁전에 가면 왕실 주방에서 나오는 푸짐한 음식을 먹을 수 있고, 모든 사람들이 우러러보는 영광스러운 여생*을 보내게 될 것이오. 거대한 지하묘지에 잠들어 있는 당신의 조상들을 만나러 가게 될 때까지 말이오."

"잘 오셨습니다, 제데프라 왕자님. 폐하를 즐겁게 해 드리기 위해서라면 궁전까지 왕자님을 따라가지요."

궁전으로 돌아온 제데프라 왕자는 왕에게 제디가 도착했다고 알렸다. 쿠푸 왕은 그를 궁전의 접견실로 안내하라고

여생
앞으로 남은 인생.

명령했다. 왕은 마법사에게 물었다.

"그대가 떨어져 나간 머리를 다시 붙일 수 있다고 들었는데, 그 말이 진실인가?"

"그렇습니다, 주인님."

그러자 왕은 죄수 하나를 끌고 와 그의 머리를 베라고 명령했다.

하지만 제디가 반대하고 나섰다.

"사람한테 그럴 수는 없습니다. 신의 성스러운 양들에게 그런 일을 하라고 하시면 안 됩니다."

그러자 왕은 머리가 잘려 나간 거위 한 마리를 가져오게 했다. 그 거위의 몸뚱이는 접견실* 서쪽에 있고, 머리는 동쪽에 있었다. 제디가 마법의 주문을 외우자, 거위의 몸뚱이와 머리가 양편에서 뒤뚱뒤뚱 일어섰다. 몸뚱이와 머리가 다시 합쳐지자, 거위는 일어서서 꽥꽥거리기 시작했다. 제디는 소 한 마리를 가지고도 그렇게 했다. 마지막으로 왕은 자신이 아끼는 사자를 데려와 목을 베게 했다. 제디가 마법의 주문을 외우자, 사자는 몸을 일으키더니 목줄을 땅바닥에 끌며 제디의 뒤를 따라 걷기 시작했다.

이 광경에 감탄한 왕은 마법사가 평생 동안 쓸 수 있는 온갖 금은보화들을 주어 그가 보여 준 재주에 보답했다.

접견실
공식적으로 손님을 맞아들여 만나 보는 방.

쿠푸 왕에게 바치는 이야기 ■ 53

파라오는 신들의 후계자로, 호루스는 오시리스의 뒤를 이어 파라오가 되었다. 파라오를 일컫는 여러 이름 중에는 '라의 아들'이나 '완벽한 신' 같은 이름도 있었다. 파라오는 지상에서 우주의 질서를 유지하는 임무를 맡았다. 우주의 질서를 지키기 위해, 파라오는 조상인 신들의 신전에 아무것도 부족함이 없도록 주의를 기울여야 했다. 또한 그는 적들을 물리치고, 백성들의 행복을 지켜야 했다.

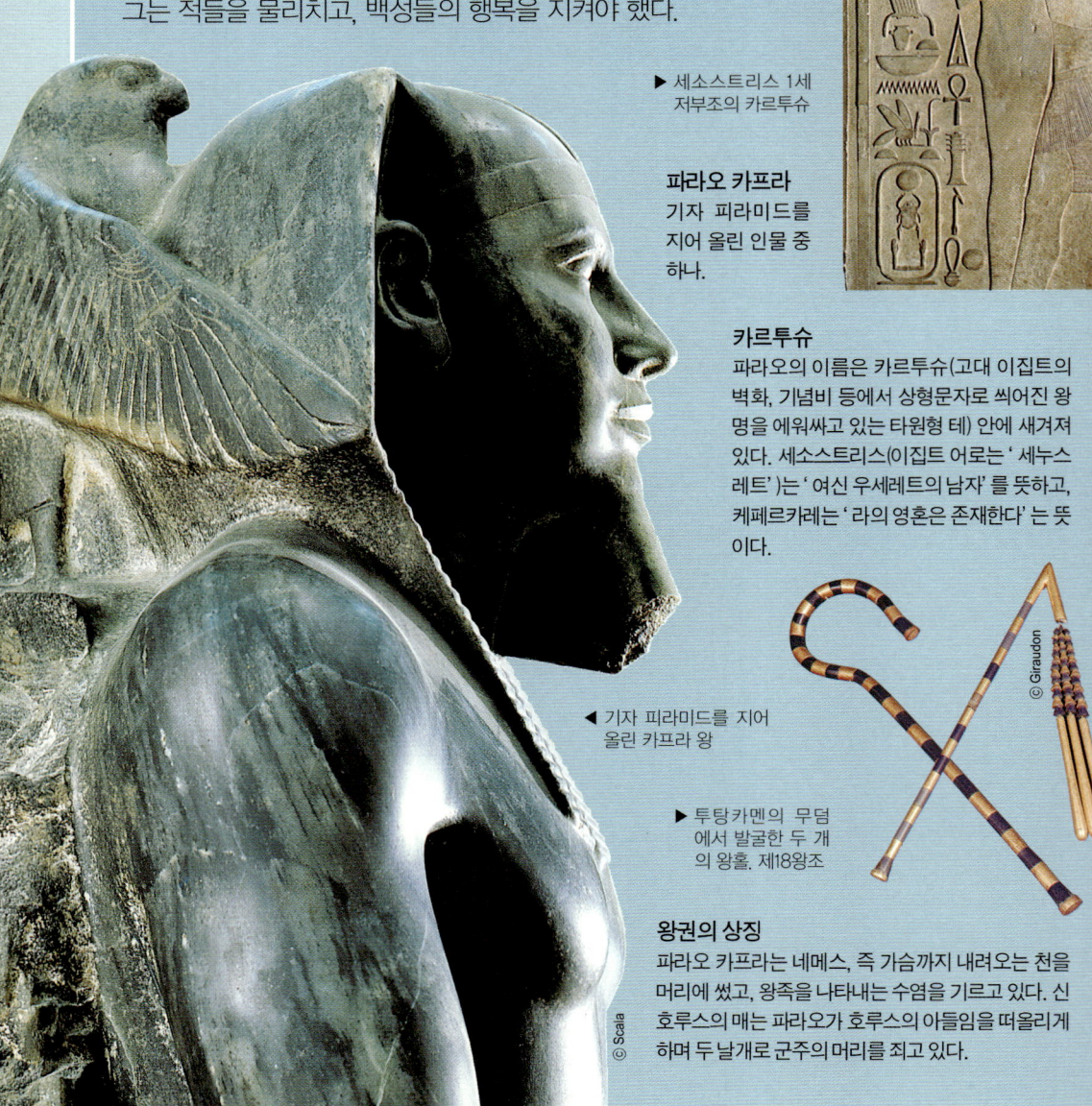

▶ 세소스트리스 1세 저부조의 카르투슈

파라오 카프라
기자 피라미드를 지어 올린 인물 중 하나.

카르투슈
파라오의 이름은 카르투슈(고대 이집트의 벽화, 기념비 등에서 상형문자로 쓰여진 왕명을 에워싸고 있는 타원형 테) 안에 새겨져 있다. 세소스트리스(이집트 어로는 '세누스레트')는 '여신 우세레트의 남자'를 뜻하고, 케페르카레는 '라의 영혼은 존재한다'는 뜻이다.

◀ 기자 피라미드를 지어 올린 카프라 왕

▶ 투탕카멘의 무덤에서 발굴한 두 개의 왕홀. 제18왕조

왕권의 상징
파라오 카프라는 네메스, 즉 가슴까지 내려오는 천을 머리에 썼고, 왕족을 나타내는 수염을 기르고 있다. 신 호루스의 매는 파라오가 호루스의 아들임을 떠올리게 하며 두 날개로 군주의 머리를 죄고 있다.

이중 왕관
프톨레마이오스 7세는 상이집트와 하이집트의 두 여신 네크베트와 우아지트에게 둘러싸여 있는, 파라오 시대의 순수한 전통 속에 나타나 있다. 두 여신이 파라오의 머리에 이중 왕관을 씌워 주고 있다.

▲ 프톨레마이오스 7세의 대관식. 호루스의 에드푸 신전, 프톨레마이오스 7세의 저부조

상하 이집트의 왕 쿠푸는 심심했다. 궁전 안을 돌아다녀 봐도 무료함은 가시지 않았다.

기자의 스핑크스

◀ 미케리노스의 3신. 가운데가 미케리노스이다.

미케리노스
기자의 '작은' 피라미드를 건축했다. 상 이집트 왕권의 상징인 흰 왕관을 쓰고 있다.

기자의 스핑크스
인간의 머리를 한 사자. 기자의 스핑크스는 아마도 대 피라미드의 건축가인 쿠푸 왕의 모습을 본떠서 만들었을 것이다. 신격화된 왕의 이미지는 태양신과 비슷하다.

왕홀
파라오가 쥐고 있는 왕홀 중 두 가지가 특이하다. 지팡이 모양의 '헤카' 왕홀은 아마도 목동의 막대기를, '네카카' 왕홀은 도리깨의 모양을 본떠서 만든 것 같다.

조난자 이야기

나는 왕명을 받아, 길이 60미터, 폭 20미터의 배에 이집트의 우수한 집단에서 선발한 120명의 선원들을 태우고 '군주의 광산'을 향해 탐험을 나섰다. 바다 한복판에 있든지 육지가 보이는 곳에 있든지, 그들의 마음은 사자보다도 더 용맹스러웠다. 그들은 언제 폭풍우가 닥칠지, 천둥 번개가 **몰아칠***지 예견할 수 있었다.

우리가 육지에서 완전히 멀어진 '**거대한 초록 들판***' 위에 있을 때, 폭풍우가 몰아쳤다. 우리는 바람과 파도의 맹렬한 공격을 견뎌내야 했다. 약 4미터 높이의 어마어마한 파도가 주변의 모든 것을 뒤집어 놓으며 배를 휩쓸었다. 돛대에 매달리는 것말고는 달리 살아날 방법이 없었다. 배는 가라앉아 버렸고, 아무도 살아남지 못했다.

나는 돛대에 악착같이 매달렸고, 파도에 실려 어느 섬까

몰아치다
한꺼번에 몰려 닥치다.

거대한 초록 들판
여기서는 홍해를 뜻한다.

한탄
원통하거나 뉘우치는 일이 있을 때 한숨을 쉬며 탄식함, 또는 그 한숨.

지 떠내려갔다. 나무 그늘까지 겨우 기어간 나는 절망에 빠진 채, 내 집과 아이들을 다시 볼 수 있으리라는 희망도 없이 한탄*만 하며 홀로 사흘을 보냈다. 그러다가 마침내 겨우 몸을 일으켜 물과 먹을거리를 찾아 나섰다. 나는 곧 시원한 물이 솟는 샘과 무화과, 포도, 온갖 종류의 풍성한 야채와 고향에서 기르는 것과 비슷하게 생긴 오이를 찾아 냈다. 생선과 가축들도 많았다. 그 섬은 사람들이 꿈꾸는 모든 것이 넘치고 있었다. 나는 풍성한 먹거리들을 실컷 먹었다. 그런 다음 장작으로 불을 피우고, 내게 생명을 허락해 준 신들에게 제물을 바쳤다.

갑자기 천둥소리가 났다. 나는 '초록 들판'의 파도 소리일 거라고 생각했다. 그런데 나무들이 움직이고 땅이 흔들리는 것이었다. 겁에 질린 나는 땅바닥에 얼굴을 처박았다. 조금 있다 고개를 들어 보니, 뱀 한 마리가 다가오고 있었다. 몸 길이 15미터에, 수염은 2미터가 넘었고, 몸통은 금빛으로 뒤덮여 있으며, 눈썹은 청금석*으로 되어 있었다. 뱀은 매우 위엄 있게 다가오더니 나를 향해 입을 벌렸다. 내가 엎드리자, 뱀이 말했다.

"누가 너를 여기로 데려왔느냐? 당장 대답하지 않으면 널 재로 만들어 영원히 없애 버릴 테다."

"지금 무슨 말씀을 하시는지 제게는 들리지 않습니다. 당신 앞에 있으니 제게 의식이 붙어 있는지조차 아득할 뿐입니다."

나는 감히 고개를 들지 못하고 대답했다.

그러자 신성한 뱀*은 나를 덥석 물더니 자기 소굴로 데려갔다. 굴에 도착하자, 뱀은 다치지 않게 나를 땅바닥에 살며시 내려놓았다. 나는 무사했다. 다치거나 잘려 나간 곳 없이 멀쩡했다.

내가 뱀 앞에 다시 엎드리자, 뱀이 다시 물었다.

"누가 너를 여기로 데려왔느냐? 두 해안이 바닷물에 잠기는 이곳 초록 들판의 섬으로 널 데려다 놓은 게 누

청금석
푸른색, 청자색, 녹청색 따위의 아름다운 빛깔에 유리와 같은 광택이 나는 광물.

신성한 뱀
이 뱀은 신의 금빛 육신을 갖고 있다. 수염과 청금석 역시 신성함의 상징이다.

구지?"

나는 뱀 앞에 두 팔을 벌리고 대답했다.

"저는 왕명을 받아, 길이 60미터, 폭 20미터의 배에 이집트의 우수한 집단에서 선발한 120명의 선원들을 태우고 군주의 광산을 향해 탐험을 나섰습니다. 바다 한복판에 있든지 육지가 보이는 곳에 있든지, 그들의 마음은 사자보다도 더 용맹스러웠지요. 그들은 언제 폭풍우가 닥칠지, 천둥 번개가 몰아칠지 예견할 수 있었습니다. 제각기 용맹스러움과 힘을 겨루었지요. 그들 중에 무능력한 사람은 아무도 없었습니다.

그런데 우리가 '초록 들판'을 향해 중일 때 폭풍우가 몰아쳤고, 격렬한 파도를 겨우 이겨 낸 후에야 육지에 다다

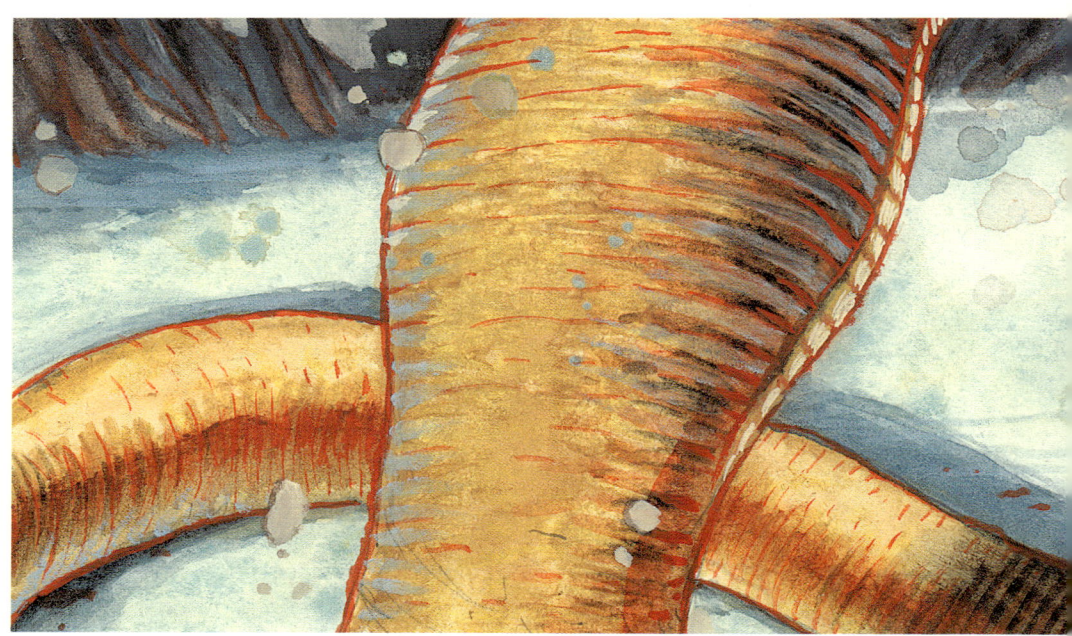

를 수 있었습니다. 폭우는 더욱 **맹렬해***졌고, 4미터 높이의 파도가 우리를 휩쓸어 버렸어요. 저는 악착같이 돛대에 매달린 덕분에 겨우 목숨을 건졌지요. 하지만 배는 침몰해 버렸고, 나와 함께 배에 타고 있던 사람은 아무도 살아남지 못했습니다. 이렇게 초록 들판의 파도에 밀려 이 섬에 실려 왔기 때문에 지금 제가 당신 옆에 있는 겁니다."

내 얘기를 듣고 뱀이 말했다.

"겁내지 말라! 두려워하지 말라! 당황하지 말라! 신이 너의 목숨을 살려 주셨고, 너를 이 매력적인 섬으로 데려오셨다. 이 섬은 아름답고, 사람들이 원하는 것은 무엇이든 있다. 이 섬에서 넉 달을 지내거라. 넉 달 후면 왕실에서 배를 보내올 것이다. 너는 함께 항해할 선원들을 만나게

맹렬하다
기세가 몹시 사납고 세차다.

될 것이고, 그들과 함께 궁전으로 돌아가게 될 것이다. 훗날, 너는 너의 나라에서 생을 마치게 되리라. 가장 힘난한 모험을 겪고 나서 자신의 모험을 이야기할 수 있는 자는 행복하도다!"

나는 다시 뱀 앞에 엎드려 빌었다.

"파라오에게 당신의 힘을 알리고 당신의 위엄을 칭송하겠습니다. 신들이 즐기는 라다눔 향*과 헤케누 향수*, 이우데네브 향료*, 계피, 테레빈 유를 바치도록 하겠습니다. 제게 일어난 일과, 제 눈으로 본 당신의 힘에 대해 이야기하겠습니다. 이 섬의 실력자들은 당신을 신으로 숭배할 것입니다. 당신을 위해 희생 제의* 때 황소들을 토막 내어 제물로 바치고 가축들의 목을 비틀겠습니다. 그래서 이집트의 모든 재물을 실은 배들이 당신에게 이르도록 하겠습니다."

내 말이 무의미하다 생각했는지 뱀은 웃음을 터뜨렸다.

"내게 라다눔 향을 바치고 싶다고? 내가 알기로 너의 나라엔 라다눔 향이 없을 텐데! 나는 사실 푼트*의 왕자이고, 향은 내 것이다. 헤케누 향수는 네 나라가 아니라 내 섬에서 나는 산물이다! 명심해라. 넌 이곳을 떠나면 다시는 돌아올 수 없다. 이 섬은 파도에 실려 사라져 버릴 테

라다눔 향
향료의 일종.

헤케누 향수, 이우데네브 향료
어떤 종류인지 확인되지 않는 향료.

희생 제의
신에게 바치는 제의. 희생 제의 동안에는 제물들을 불에 태운다.

푼트
아프리카의 동해안. 수단의 남쪽 지방. 이집트인들은 신화와 전설이 풍부하다는 이유로 이 나라를 '신들의 나라'라고 부른다.

니까."

뱀 곁에서 넉 달을 보내고 나자, 신성한 뱀이 **예견***했던 대로 배 한 척이 다가오는 게 보였다. 나는 해안의 높은 나무 위로 올라갔다. 갑판에 사람들이 보였고 나는 그들에게 신호를 보냈다. 나는 나무에서 내려와 뱀에게 달려가서 소식을 알렸다. 뱀은 이미 알고 있었다.

"너의 집까지 무사히 돌아가 네 아이들을 만나길 바란다. 부디 나의 이름이 너의 나라에 두루 퍼지게 하라. 내가 부탁하고 싶은 것은 그것뿐이다."

나는 두 팔을 뱀 앞으로 내밀고 엎드렸다. 뱀은 많은 향과 헤케누 향수, 이우데네브 향료, 계피, **티셉세스 향료***, **안티몬 가루***, 기린의 꼬리, 테레빈 유, 코끼리 상아, 사냥개, 원숭이, 개코원숭이와 온갖 귀한 물건들을 나에게 내

예견
앞으로 일어날 일을 미리 짐작함.

티셉세스 향료
또 다른 종류의 향료.

안티몬 가루
이집트 인들이 눈썹을 그리던 재료.

주며 배에 실으라고 했다.

　나는 신에게 경배를 하며 감사했다. 뱀이 다시 말했다.
"두 달 후면 왕국에 닿을 것이고, 네 아이들을 안을 수 있을 것이다. 훗날 너는 네 나라 땅에 묻히고 네 무덤 속에서 젊고 강해질 것이다."

　나는 해안에 정박*해 있는 배로 다가가, 선원들을 불러 섬 주인이 내게 준 온갖 보물들을 배에 싣게 했다. 해안에서 나는 다시 한 번 뱀에게 감사의 인사를 했다. 선원들도 나를 따라 했다. 우리가 섬에서 멀어지자, 하늘이 울리는 듯한 소리가 들렸고, 신성한 뱀이 말한 대로 섬은 바닷속으로 사라져 버렸다. 우리는 뱀의 예견대로 두 달간 항해한 후 궁전에 도착했다.

　나는 왕 앞으로 안내되었다. 섬에서 가져온 선물들을 모두 왕에게 바쳤다. 그러자 왕은 왕국의 유력 인사들이 모두 모인 자리에서 신에게 경배하고, 내게 영예*로운 직위를 내려 주었다.

정박
배가 닻을 내리고 머무름.

영예
영광스러운 명예.

고대

이집트의 상업은 주요 운송로인 나일 강을 중심으로 발달했다. 이집트 상인뿐만 아니라, 신들도 늘 배를 타고 나일 강을 통해 이동했다. 매우 일찍부터 이집트 인들은 레바논의 나무나 사해 남쪽 해안에서 나는 향 등 외국의 물품을 구하러 가기 위해 배를 이용했다.

선박
돛과 노 젓는 사람들이 있는 훨씬 큰 규모의 선박들은 아스완의 화강암 같은 돌덩이나 곡식처럼 무거운 물건들을 싣고 먼 거리를 이동했다.

작은 배
노가 달린 작은 배들은 일정 지역 내에서만 여행객과 가벼운 물품들을 운송했다.

◀ 홈이 팬 대형 포도주 병. 테라코타, 티니트 왕조

▼ 작은 배

▲ 나일 강 위의 펠러카 선

상품의 운송
음료는 구운 토기로 만든 병에 담고, 곡식은 천으로 된 주머니나 광주리에 담아 운반했다. 수공예 제품들은 그 자리에서 만들어 교환했다.

펠러카 선
오늘날 나일 강 위를 가로지르는 펠러카 선은 고대 이집트 때의 것과는 다르다. 고대 이집트의 펠러카 선에는 네모난 돛이 있었고, 방향키 역할을 하는 커다란 노가 한두 개 달려 있었다.

무덤 내부
무덤 내부에서 발견된 모형 배들은 대부분 노와 방향타만 갖추고 있다. 선실이 있고, 노 젓는 사람 몇 명이 배를 조종하는 모형배도 때때로 발견된다.

▶ 366호 무덤에서 나온 배 모형. 베니 하산, 채색된 나무와 아마포

나는 길이 60미터, 폭 20미터의 배를 타고 탐험을 나섰다.

◀ 무덤 속에서 발견된 이국적인 동물들의 그림. 레크미레의 무덤, 프레스코화

▲ 향나무

수입 물품
이집트는 아프리카에서는 상아와 흑단, 이국적인 동물들을 수입했고, 수단에서는 금을, 아시아에서는 말을, 키프로스 섬에서는 구리를, 크레타 섬에서는 정교한 형태의 귀중한 항아리들을 수입했다.

향 무역
고대 이집트에서는 향을 수입해야 했다. 하트 여왕은 푼트에 탐험단을 보내서 그녀가 원하는 나무들을 이집트에 들여오게 했다.

무역 지배권
왕국 지배자들의 무덤을 꾸미는 예술가들은 자기네 나라의 산물들을 지고 있는 이방인들의 행렬 장면을 그려서 이집트의 위대함을 증명해 보였다.

형제 이야기

나일 강가의 어느 마을에 두 형제가 살았다. 형의 이름은 아누프, 동생은 바타였다. 아누프는 부모에게서 물려받은 집에서 아내와 함께 살았고, 바타는 형의 가족과 함께 지냈다. 형제는 사이가 좋았다. 바타는 형의 농사일을 두루 도와주었다.

매일 새벽녘이면 바타는 형이 들에 가지고 나갈 음식을 준비해 놓고, 소들을 들로 데리고 나가 풀을 먹였다. 바타가 소들을 앞세우고 가는데, 소들이 말했다.

"우리를 저기로 데려가 줘. 저곳의 풀이 맛있어."

바타는 소들의 말을 듣고 그곳으로 데려갔다. 바타의 소 떼는 살이 토실토실 **올랐다***. 저물녘이 되어 바타는 소 떼를 데리고 집으로 돌아왔다. 그는 가볍게 저녁을 먹고 소들이 있는 외양간으로 가서 밤을 보냈다.

오르다
몸에 살이 많아지다.

절기
이집트의 한 해는 네 달씩 세 개의 절기로 나뉜다. 한 해의 시작을 알리는 강이 범람하는 절기는 아크헤트, 밭을 갈고 씨를 뿌리는 절기는 페레트, 곡식이 자라 수확하는 절기는 셰무라고 한다.

튼실하다
튼튼하고 실하다.

아크헤트가 끝나고 페레트의 절기*가 시작되었다. 형 아누프는 바타에게 밭을 갈 소들에게 쟁기를 매어 두라고 일렀다. 바타는 자신이 기른 암소들 중 가장 튼실하게* 생긴 소 두 마리를 골라서 쟁기를 매고 형과 함께 하루 종일 일했다. 씨를 뿌릴 때가 되자, 아누프는 바타에게 씨를 찾아오라고 했다. 바타가 집에 가 보니, 형수가 머리를 매만지고 있었다.

"형수님, 밭에 뿌릴 씨앗 좀 찾아다 주세요. 형한테 빨리 가져가야 하거든요."

바타의 말에 형수가 대답했다.

"혼자서 찾아봐요. 방해하지 말고."

바타는 곳간으로 가서 밀과 보리 포대를 짊어지고 나왔다. 무거운 짐을 지고 지나가는 시동생을 보자, 형수의 마음은 감탄과 욕망으로 가득 차올랐다. 형수가 자리에서 일어나 말했다.

"도련님은 기운이 참 세네요! 이리 와서 나랑 함께 누워요. 한 시간만 함께 있어요!"

형수의 유혹에 바타는 화가 치밀었다.

"형은 나에게 아버지 같은 사람이고, 형수님은 어머니 같은 사람이에요! 어떻게 그런 끔찍한 말씀을 할 수 있어요? 다시는 그런 말씀 마세요."

바타는 이렇게 말하고는 집을 나와 밭에 있는 형에게로 갔다. 그리고 기나긴 하루 일을 하며 분을 삭였다.

밤이 되자, 형은 먼저 집으로 들어가고 바타는 들에 남아 소들을 모았다. 한편 아누프의 아내는 시동생 바타가 낮에 있었던 일을 남편에게 이야기할까 봐 전전긍긍*하고 있었다.

전전긍긍
몹시 두려워서 벌벌 떨며 조심함.

아누프가 집으로 돌아왔는데, 늘 손 씻을 물을 들고 문가에서 기다리던 아내가 보이지 않았다. 집은 어둠 속에 깊이 잠겨 있었다. 침실에 들어가 보니, 아내가 침대에 누워 몸을 부르르 떨며 욕을 해 대고 있었다. 아누프는 아내 곁으로 다가가 무슨 일이냐고 물었다.

"당신 동생 때문이에요. 내가 화장하고 있는 걸 보고는 내게 '우리 함께 누워요. 한 시간만 함께 있어요.' 이렇게 말하지 뭐예요. 그래서 내가 말했죠. '형은 도련님한테 아버지 같은 사람이고 난 엄마 같은 사람 아닌가요?' 그랬더니 도련님은 자신의 더러운 말을 아무에게도 얘기하지 말라며 나를 마구 때렸어요. 당신이 도련님을 살려 둔다면, 내가 콱 죽어 버릴 거예요!"

치밀어오르는 화를 억제할 수 없었던 아누프는 창을 움

켜쥐고 외양간에 숨어 동생이 돌아오기를 기다렸다. 바타가 집으로 돌아오자, 소들은 그에게 아누프가 외양간에 숨어 있다고 알려 주었다. 바타가 외양간 바닥을 내려다보니, 문 아래로 형의 두 발이 보였다. 바타는 두려움에 사로잡혀 도망쳤다. 아누프가 그의 뒤를 쫓았다.

바타는 위대한 신 라에게 도움을 청했다. 신은 그의 소원을 들어주었다. 두 형제 사이에 악어들이 득실득실*한 어마어마한 강이 펼쳐졌다. 동생한테 가까이 갈 수 없게 되자, 아누프는 화가 났다. 바타가 형에게 말했다.

"형은 어째서 내 말은 들어 보지도 않고 나를 죽이려고 하나요? 난 형의 동생이고, 나한테 형은 아버지 같은 존재예요. 내 말을 들어 보세요! 형이 씨를 찾아오라고 해서 집으로 갔더니, 형수님이 나에게 '이리 와서 나랑 함

득실득실
사람이나 동물 따위가 떼로 모여 자꾸 어수선하게 들끓는 모양.

께 누워요.' 하고 말했어요. 그런데 형수는 내가 그랬다고 우기고 있다고요."

말을 마친 바타는 날카로운 갈대 줄기로 자신의 성기를 잘라 물속에 던져 버렸다. 형 아누프는 형답게 굴지 못했다는 부끄러움에 울기 시작했다. 성기를 잘라 낸 동생의 모습이 너무도 끔찍해서 고통스럽기도 했다. 바타가 말했다.

"형은 형수의 거짓된 말에만 귀를 기울이고, 수년간 형을 위해 내가 해 온 일은 생각도 하지 않았어요. 난 형과 함께 돌아가지 않을 테니, 집으로 돌아가서 소들을 돌보고 밭을 가꾸세요. 이제 다시는 나를 보지 못할 거예요. 난 왜금송 계곡*으로 가서 내 심장을 꺼내 왜금송 꽃* 맨 위에 올려놓을 거예요. 그 왜금송이 잘리면, 내 목숨도

왜금송 계곡
페니키아 해변에 있다.

왜금송 꽃
왜금송에는 하트 모양의 열매가 열린다.

끝나는 거지요. 형이 들고 있는 술 단지가 넘치기 시작하면 내게 무슨 일이 일어났다는 신호이니, 빨리 달려와서 내 심장을 찾으세요. 낙담할 필요는 없어요. 내 심장을 찾으면 신선한 물이 든 항아리 안에 넣으세요. 그러면 난 다시 살아날 테니까요."

말을 마친 뒤 바타는 왜금송 계곡을 향해 떠났고, 형은 초상집처럼 먼지로 뒤덮인 자기 집으로 돌아갔다. 집으로 돌아온 아누프는 아내를 붙잡아 죽이고, 그 시체를 개들에게 던져 버렸다. 많은 시간이 흘러갔다. 바타는 왜금송 계곡에 널찍한 보금자리를 마련했다. 그는 낮에는 사냥을 하며 시간을 보내고, 밤이 되면 자신의 심장을 보호하고 있는 왜금송 발치에 가 앉았다.

하루는 사냥을 하다가 에네드*의 아홉 신을 우연히 만났다. 신들이 그에게 말했다.

"바타야, 네 형 아누프와 형수를 떠나온 뒤에 너 홀로 여기 있는 것이냐? 자아! 네 형이 너의 복수를 위해 네 형수를 죽였다."

바타를 불쌍히 여긴 라 신은 그에게 여인 한 명을 보내 주었다. 그녀는 어떤 여성도 따라올 수 없을 정도로 아름다웠으며, 그녀의 몸에는 신들의 정기가 숨어 있었다. 그의

에네드
헬리오폴리스의 아홉 신. 첫 번째 신은 아툼인데, '라하라크티'라고도 불린다.

보금자리에 살러 온 그녀를 본 바타는 몹시 기뻤다. 하지만 그는 그녀에게 주의를 주었다.

"집 밖으로 나가지 않도록 조심해요. 바다의 신이 당신을 보면 잡아가려 할지도 모르니까. 그에게 한 번 잡히면 벗어날 수 없을 거요."

또한 그는 그녀에게 마음을 열고 자신의 비밀을 털어놓았다.

"내 심장은 왜금송 꽃 위에 놓여 있소. 나를 해치고 싶

다면, 그 나무를 넘어뜨리면 되오. 그러면 나는 죽을 것이오!"

숱한 날들이 흐른 뒤, 여인은 집에서 나가고 싶은 욕망을 느꼈다. 부족한 것은 아무것도 없었지만, 갇혀 있다는 느낌 때문에 외롭고 답답했다. 결국 그녀는 바타의 당부*를 잊어버리고 밖으로 나갔다. 그녀가 집에서 나와 해변 쪽으로 가고 있을 때, 바다의 신이 그녀를 보고 달려들었다. 그

당부
말로 단단히 부탁함. 또는 그런 부탁.

녀는 달리고 또 달렸다. 마침내 집 안으로 몸을 피해 바다의 신에게서 벗어날 수 있었다. 하지만 바다의 신은 그녀의 머리카락에 꽂혀 있던 고리 장식을 빼앗았다.

이리저리 방황하던 바다의 신은 그 고리를 이집트로 가져가 왕궁의 공동 세탁장 안에 놓아 두었다. 고리의 향기가 파라오*의 옷가지에 배어들었다*. 파라오는 그 향기가 무엇인지 사방으로 알아보았다. 하지만 왕궁 향수 제조공들의 우두머리도 그것이 무슨 향기인지 밝혀내지 못했다. 향기에 대한 궁금증은 날이 갈수록 더해 갔다. 어느 날 향수 제조공의 우두머리는 공동 세탁장에 내려갔다가 물 위에 떠 있는 고리를 건져 올렸다. 그 고리는 신성한 향기를 주변에 퍼뜨리고 있었다. 향수 제조공의 우두머리는 그것을 파라오에게 가져갔다. 파라오는 율법학자들과 사제들을 불러모았다. 율법학자와 사제들이 말했다.

"이 머리 장식은 왜금송 계곡에 살고 있는 라 신의 딸 것입니다. 병사와 하인들에게 선물을 들려 그녀에게 보내 폐하의 곁으로 오라고 설득하십시오."

파라오의 밀사*들이 여인과 함께 돌아왔다. 그녀의 아름다움에 온 나라가 기쁨으로 들떴다. 그녀를 사랑하게 된 파라오는 그녀를 애첩*으로 삼았다. 그녀에게 궁전을 지

파라오
고대 이집트의 왕.

배어들다
냄새 따위가 깊이 스며들다.

밀사
몰래 보내는 심부름꾼.

첩
정식 아내 외에 데리고 사는 여자.

어 주고, 그녀가 원하는 것이면 무엇이든 해 주었다.

여인의 마음은 순식간에 바타에게서 돌아섰다. 그녀는 왕에게 말했다.

"제 남편은 힘이 세고 용맹스러운 사람이에요. 그가 이곳으로 저를 찾으러 올까 봐 두려워요. 왜금송 계곡으로 군사를 보내어 왜금송 나무를 베어 버리게 하세요. 그러면 제 남편은 죽을 테고, 저는 더 이상 두려워하지 않아도 될 거예요."

병사들은 파라오의 명령에 따라 계곡으로 가서 왜금송 나무를 쓰러뜨려 버렸다. 바타의 심장을 받치고 있던 꽃이 땅바닥에 떨어졌다. 결국 바타는 죽고 말았다.

아누프는 들에서 긴 하루를 보내고 집으로 돌아왔다. 여느 때처럼, 하인이 그에게 목을 축일* 술 단지를 가져다주었다. 그런데 그가 받아들자마자 술 단지가 넘치기 시작했다. 하인이 연거푸 술 단지를 가져다주었지만, 술은 단지 밖으로 계속 흘러넘쳤다. 아누프의 머릿속에 동생의 말이 떠올랐다. 아누프는 곧장 왜금송 계곡으로 갔다. 몇 날 며칠을 걸어서 계곡에 도착한 그는 바타가 땅바닥에 쓰러져 있는 것을 발견했다. 그는 이미 숨져 있었다. 왜금송 나무

축이다
물 따위에 적시어 축축하게 하다.

를 찾아 주위를 둘러보니 나무는 땅바닥에 넘어져 바짝 말라 있고, 동생의 심장은 흔적도 보이지 않았다. 아누프는 동생의 심장을 찾아 나섰다. 몇 달이 흘렀지만 찾을 수 없어, 아누프는 절망에 빠졌다.

　집으로 돌아와 보니, 마른 나뭇가지들 위에 아주 작은 씨앗 하나가 눈에 띄었다. 아누프는 그 씨앗을 집어들어 신선한 물이 담긴 그릇에 담갔다. 씨앗이 그릇 안의 물을 쭈욱 빨아들이자, 바타의 육신이 가볍게 떨렸다. 형은 씨앗이 담긴 그릇을 가져다가 동생에게 마시게 했다. 그러자 바타의 심장이 다시 자리를 찾았고, 동생은 되살아났다.

　형제는 서로 얼싸안았다. 바타가 형에게 말했다.

　"나는 내일 신비로운 털로 뒤덮인 거대한 황소*로 변할 거예요. 형이 내 등에 올라타면 형을 파라오한테 데려다 주겠어요. 궁전의 모든 사람들이 나를 보고 감탄할 거예요. 아무도 그런 황소는 보지 못했을 테니까요. 사람들은 형한테 금과 은으로 된 시계추를 줄 겁니다."

　다음 날, 바타는 황소로 변해 형을 등에 싣고 이집트로 갔다. 이집트에 도착한 황소는 모든 이들의 감탄을 자아냈고, 파라오의 궁까지 가게 되었다. 파라오는 몹시 흡족해 했다. 사제와 백성들도 기뻐했다. 파라오는 아누프에게 금과 은으로 된 시계추를 주어 그의 공을 보상해 주었다. 바타가 말한 대로였다.

　원하는 곳에 마음대로 갈 수 있는 자유를 얻은 황소는 어

신비로운 털로 뒤덮인 거대한 황소
이집트의 신들이 성스러운 소로 모습을 바꾼 것. 특이한 털로 뒤덮여 있다.

느 날, 파라오의 애첩 처소로 들어가 말했다.

"보시오, 난 바타요. 난 아직 살아 있소. 당신이 내 심장이 놓여 있던 나무를 쓰러뜨렸다는 걸 알고 있소."

겁에 질린 애첩은 자신을 보러 온 파라오에게 말했다.

"제 소원을 들어주시겠다고 약속하세요. 저는 이 황소의 간을 먹고 싶어요."

애첩의 청을 거절할 수 없었던 파라오는 희생 제의를 대대적으로 벌이고 황소를 제물로 바치라고 명했다. 황소의 몸에서 나온 피 두 방울이 궁전 입구의 문설주*에 튀었다. 그러자 그 자리에 커다란 페르세아* 나무 두 그루가 자라났다. 사람들은 파라오에게 달려가서 말했다.

"엄청난 기적이 일어났습니다! 궁전 문설주에서 페르세아 나무 두 그루가 자라났어요."

파라오는 몹시 기뻐하며 성스러운 나무에 경의를 표하는 희생 제의를 벌였다.

얼마 후, 파라오는 페르세아 나무에 경의를 표하기 위해 애첩을 데리고 궁궐 문 앞으로 갔다. 파라오는 한 그루 아래에, 애첩은 다른 한 그루 아래에 앉았다. 페르세아 나무 두 그루는 왕과 애첩에게 경배를 받으며 이집트 전역의 백성들에게 갈채를 받았다.

문설주
문짝을 끼워 달기 위하여 문의 양쪽에 세운 기둥.

페르세아
연인들이 몸을 숨기던 나무. 토트 신은 페르세아 나뭇잎에 파라오들의 이름을 새겼다.

애첩이 즐거워하고 있을 때였다. 그녀 위에 있던 페르세아 나무가 말을 걸었다.

"이봐요, 배신자! 난 바타요. 아직 살아 있소. 당신이 날 보호해 주던 왜금송 나무를 쓰러뜨렸고, 황소로 변한 나를 죽여 제물로 만들어 버렸어. 하지만 난 여기 있어. 당신 앞에 있는 성스러운 이 나무가 바로 나라고!"

애첩의 마음은 두려움으로 가득 찼다.

어느 날, 애첩은 파라오와 함께 술을 마시며 즐거운 시간을 보내다가 파라오에게 말했다.

"신의 이름으로 맹세해 주세요. 제 소원을 들어주시겠다고 말이에요. 궁궐 문에서 자라난 나무 두 그루를 베어서, 제게 멋진 가구를 만들어 주세요."

왕은 나무를 베어야 한다는 생각에 마음이 아팠지만, 신들의 딸인 자기 애첩에 대한 사랑이 더 강했다. 왕은 목수들에게 그녀가 원하는 것을 만들어 주라고 명령했다. 일꾼들이 나무를 넘어뜨리는 모습을 애첩이 보고 있을 때, 나뭇조각 하나가 튀어올라 그녀의 입 속으로 들어갔다. 그녀는 그 자리에서 임신을 하게 되었다.

시간은 흘러갔고, 애첩은 사내아이를 낳았다. 그 아이는 몸에 신들의 정기*를 품고 있었다. 파라오는 그 누구보다 아이를 사랑했다. 수년이 흐른 뒤, 파라오는 그 아이를 상하 이집트의 왕위 계승자로 삼았다.

파라오가 신들에게로 돌아가는 날이 다가왔다. 애첩의 아들은 왕위에 올랐다. 왕위에 오른 아들은 선왕의 애첩이었던 어머니와 이집트의 모든 대신들을 불러 놓고 말했다.

"자, 나는 세트를 이긴 호루스요. 여신 네크베트와 우아지트의 보호 아래 상하 이집트를 통치하고 있는 라 신의 아들이오! 여기 이 여인은 내 어머니요*, 하지만 에네드의 아홉 신이 내려준 내 아내이기도 하오."

파라오가 된 바타는 모든 이들 앞에서 자신의 이야기를 들려주었다.

이집트의 대신들은 탄성을 올렸다.

"저 여인은 죽어 마땅하다. 태초에 라 신의 적들에게 했던 것처럼 저 여인을 양날검으로 벌하라!"

신들의 정기
바타의 아내는 아홉 신의 딸이다.

이 여인은 내 어머니요
바타는 자신의 여인이 삼킨 나무 조각을 통해 다시 태어난다.

농업은 이집트의 주요 활동이며, 농업 인구가 전체 인구의 상당 부분을 차지했다. 이집트는 물을 대어 곡식과 야채, 과일들을 생산했다. 이집트에는 가축들이 많지만, 강과 강둑에서는 낚시와 새 사냥도 할 수 있었다.

▲ 홍수가 진 나일 강

나일 강의 홍수
홍수는 나일 강변 전체를 거대한 호수로 바꾸어 놓는다. '호수' 위로 작은 언덕들이 떠오르는데, 사람들은 그 위에 마을과 도시, 신전과 궁궐을 지어 올렸다.

▼ 농부의 모형. 채색된 나무

집주인
들판에서 일하는 대다수의 백성들이 임시 거처에서 사는 반면, 파라오나 유력 인사들의 친척인 몇몇 특권 계층들은 막대한 소유지를 갖고 있었다. 이론적으로 토지는 모두 왕의 소유였지만, 왕은 '귀족'들에게 토지 소유권을 내주었다. 이들은 그것을 자기 세대에서만 소유할 수 있다는 사실을 잊고 세습을 통해 후대에 넘겨주었다.

농부의 노동
무덤 속에 들어 있는 이 모형은 일하고 있는 농부의 모습을 보여 준다. 농사일은 나일 강의 물이 빠지고 난 1월 말경부터 시작된다.

사냥

사냥은 사회 최고위층의 오락거리였고, 닭이나 오리 같은 가금류 사육은 농부들의 일이었다. 사냥은 때때로 종교적인 상징성을 띠었다. 악의 힘과 비슷한 위험한 동물로 여겨지는 하마 사냥이 그 예라고 할 수 있다. 파라오가 사막 주변에 살고 있는 야생 황소나 사자들을 사냥하는 경우도 마찬가지다.

▲ 물새 사냥을 하고 있는 네바몬과 그의 아내와 딸. 채색 벽화, 테베, 제18왕조

© The Bridgeman Art Library

형제는 사이가 좋았다.
바타는 형의 농사일을 두루 도와주었다.

▼ 주인이 소 떼를 점검하고 있다. 채색된 나무

© Babsy

토트의 책

옛날에 우제르마아트레라는 왕이 있었다. 이 왕에게는 사트니라는 매우 현명한 아들이 있었는데, 그는 이집트에서 누구에게도 비할 수 없을 만큼 뛰어난 마법사였다. 그는 무덤 벽, 신전의 벽과 **기념 돌기둥***에 새겨진 글을 읽으며 시간을 보냈다. 어느 날, 그가 프타 신전의 벽에 새겨진 글을 읽으며 안뜰을 거닐고 있는데, 그곳에 있던 한 남자가 그에게 말했다.

"그대가 정말로 대단한 글을 읽고 싶다면, 토트가 직접 쓴 책이 있는 곳을 말해 주겠네. 그 책에는 두 가지 주문이 담겨 있지. 첫 번째 주문을 외우면 동물들의 말을 이해할 수 있다네. 두 번째 주문을 외우면 무덤 속에서도 살아 있을 때의 모습을 그대로 지닐 수 있지."

"그게 정말이오? 당신이 원하는 것을 말해 보시오. 나를

기념 돌기둥
비문이 새겨진 석조 기념물.

그 책이 있는 곳으로 데려다 준다면, 당신이 원하는 것을 갖게 해 주겠소."

"그 책은 메르네프타 왕의 아들인 나네페르카프타의 무덤 속에 있네."

남자가 대답했다.

남자의 말에 사트니는 이성을 잃었다*. 그는 왕에게 가서 남자가 한 이야기를 빠짐없이 전한 뒤, 나네페르카프타의 무덤을 열 수 있게 해 달라고 말했다.

왕은 아들 사트니의 소원을 들어주기로 했다. 사트니는 멤피스의 공동 묘지를 사흘 낮 사흘 밤 동안 헤맨 끝에 나네페르카프타가 잠들어 있는 장소를 찾아냈다. 사트니가 마법의 주문을 외우자, 땅 속에 빈 공간이 생기더니 무덤 입구가 드러났다. 사트니는 지하 무덤으로 내려갔다. 그곳은 마치 햇빛을 받은 것처럼 환했다. 책에서 스며 나오는 빛이 주변을 온통 환하게 밝히고 있었던 것이다.

무덤 속의 나네페르카프타는 혼자가 아니었다. 아내 아우레와 아들 메리브가 있었다. 사트니가 가까이 다가가자, 아우레가 일어나 누구냐고 물었다.

"나는 사트니요. 토트의 책을 찾아 이곳에 왔소. 어서 내놓으시오. 순순히 내놓지 않으면 강제로라도 빼앗겠소."

> **이성을 잃다**
> 감정에 얽매여 현명하게 생각하지 못하다.

사트니가 대답했다.

아우레가 사트니에게 말했다.

"제발 부탁이니 먼저 내 얘기를 들어 보세요. 당신이 원하는 그 책 때문에 우리에게 일어났던 재앙*에 대해 모두 말씀드리지요."

"내 이름은 아우레, 메르네프타 왕의 딸입니다. 옆에 있는 이 사람은 내 오빠 나네페르카프타입니다. 내가 결혼할 나이가 되자, 어머니는 아버지께 가서 '우리 딸 아우레는 오빠 나네페르카프타를 사랑하고 있어요. 둘을 결혼시킵시다.' 라고 말했지요.

아버지는 '자식이라곤 둘뿐인데 그 둘을 결혼시키고 싶소?' 라고 물었어요.

어머니는 '네, 자식이라고는 그 애들밖에 없지만요.' 하고 대답했지요.

아버지는 어머니의 뜻을 받아들였어요. 오빠와 내가 결혼한 첫날밤, 나는 아들을 임신했어요. 그 아이가 태어나자, 우리는 메리브라고 이름을 지었지요.

수많은 날들이 지나고, 내 오빠이자 남편인 나네페르카프타는 오래된 무덤들에 새겨진 문자들을 해독*하며 멤피스의 공동 묘지를 거닐다가, 나이 많은 사제를 만나게 되

재앙
뜻하지 아니하게 생긴 불행한 사고.

해독
어려운 문구 따위를 읽어 이해하거나 해석함.

었어요. 사제가 말했지요.

'그대는 어째서 아무런 힘도 없는 이 글들을 읽고 있는가? 나와 함께 가세. 토트가 직접 쓴 책이 있는 곳을 말해 주겠네. 거기에는 두 가지 주문이 씌어 있지. 첫 번째 주문을 외우면, 동물들의 말을 이해할 수 있다네. 두 번째 주문을 외우면 무덤 속에서도 살아 있을 때의 모습을 그대로 지닐 수 있지.'

나네페르카프타는 사제에게 말했어요.

'그게 정말이오? 당신이 원하는 것을 말해 보시오. 나를 그 책이 있는 곳으로 데려다 준다면, 당신이 원하는 것을 갖게 해 주겠소.'

그러자 사제가 대답했지요.

'내 무덤을 위해 쓸 은 백 데벤*을 주게. 그럼 그게 어디 있는지 가르쳐 주겠네.'

나네페르카프타는 은 백 데벤을 사제에게 내주라고 했어요. 그러자 사제가 말했지요.

'그 책은 콥트 해* 한가운데에 있지. 쇠로 만든 궤 속에 들어 있는데, 신성한 뱀이 지키고 있지.'

나네페르카프타는 그 말을 듣자 이성을 잃었어요. 그는 내게 모든 것을 이야기하고는 그 책을 찾아 나서겠다고 했답니다. 나는 그를 말릴 수 없었어요. 그래서 나네페르카프타와 나, 그리고 우리 아들, 이렇게 셋은 함께 콥트 해를 향해 떠나게 되었지요. 그곳에 있는 이시스 신전의 사제들이 우리를 맞아 주었어요. 그 신전에서 나네페르카프타는 황소 한 마리를 잡아 여신에게 제물로 바쳤어요. 그런 다음, 밀랍을 많이 가져다 달라고 해서 그것으로 배 한 척과 선원들을 빚었지요. 그는 마법의 주문을 외워 선원들에게 생명을 불어넣은 다음, 나와 내 아들을 신전의 사제들에게 맡기고 배에 올랐어요.

그 배는 토트의 책이 있다는 곳을 향해 사흘 동안 노를 저어 갔어요. 정확한 지점에 이르러 나네페르카프타가 물속에 모래 한 줌을 던지자, 물길이 열리고 신성한 뱀이 지키

데벤
무게의 단위. 1데벤은 약 92g.

콥트 해
지금의 홍해를 뜻한다.

는 궤가 보였지요. 그는 뱀에게 다가가 공격했어요. 격렬한 싸움 끝에, 마침내 그는 뱀을 죽였지요. 나네페르카프타는 철궤를 가져와 뚜껑을 열었어요. 그 안에 책이 들어 있었지요. 그는 그 책에 쓰인 첫 번째 주문을 외웠어요. 그는 동물의 말을 이해할 수 있게 되었지요.

그런 다음 그는 다시 배로 돌아와 바닷속으로 열려 있던 물길을 닫고, 내가 있는 곳으로 돌아왔어요. 그는 내게 그 책을 보여 준 뒤, 파피루스를 가져오게 해서 책의 내용을 파피루스에 옮겨 적었어요. 일을 마친 뒤, 그는 파피루스를 술에 적셨다가 물속에 푹 담가 녹여 버렸지요. 파피루스가 모두 녹자 그는 그 물을 마셨고, 파피루스에 적힌 모든 것을 알게 되었답니다. 그런 다음 우리는 이시스 신전으로 가서 여신에게 경배를 드리고 북쪽으로 되돌아왔지요. 하지만 불행히도, 토트가 그 동안 있었던 일을 알아 버렸어요. 그리고 나네페르카프타를 벌할 수 있도록 라 신에게 허락도 받았어요. 토트가 나네페르카프타에게 내린 벌에 대해 말씀드리지요.

우리가 항해 중일 때, 우리 아들이 바닷물 위로 몸을 기울이고 있다가 그만 물에 빠졌어요. 나네페르카프타는 마법의 주문을 외워 아들을 물속에서 건져 냈지요. 그리고

수장
시체를 물속에 넣어 장사 지냄.

또 다른 주문을 외워 자신에게 무슨 일이 벌어진 것인지 듣게 되었어요. 이렇게 해서 토트 신이 화가 났다는 걸 우리가 알게 된 것이지요. 우리는 콥트 해로 다시 돌아가 바닷속에 우리 아들을 수장*했어요. 돌아오는 도중에 아들이 물에 빠졌던 바로 그 지점에 이르렀을 때였어요. 나는 나를 물속으로 밀어붙이는 어떤 힘에 사로잡혀 물에 빠지고 말았어요. 나네페르카프타는 나를 물에서 건져 내 다시 콥트 해로 갔고, 나를 아들과 함께 바닷물속에 수장했답니다. 배를 출발시키기 전에 그는 왕실의 아마포로 만든 마법의 덮개로 토트의 책을 싸서 자신의 가슴에 단단하게 붙잡아 맸어요. 배가 다시 그 운명의 지점에 이르렀을 때, 이번에는 그가 물속으로 내던져졌어요. 그를 건져 내지 못한 선원들은 슬픔에 빠진 채 왕국으로 돌아갔지요.

 소식을 들은 파라오는 배를 맞으러 부두로 갔어요. 파라오와 신하들은 상을 당했을 때 입는 망토를 두르고 있었지요. 배가 해안에 이르렀을 때, 나네페르카프타의 시체가 방향 잡는 노에 매달려 있는 것이 보였어요. 사람들은 시체를 건져 냈어요. 그의 가슴에는 책이 단단히 묶여 있었지요. 파라오는 그의 장례식을 준비하면서 그가 토트의 책과 함께 편안히 잠들 수 있게 하라고 명령했답니다."

 사트니는 이야기를 모두 다 듣고도 아우레에게 계속 책을 내놓으라고 강요*했다. 이제껏 아무 말도 없던 나네페르카프타가 일어나서 말했다.

 "사트니, 그대가 토트의 책을 빼앗아 갈 수 있다고 생각하나? 나와 대결하고 싶은가?"

 사트니는 나네페르카프타와 결투를 시작했다. 세 번의 대결 끝에 사트니는 나네페르카프타를 물리치고 토트의 책을 빼앗았다. 그러고는 지하 묘지에서 나와 문을 닫아 버렸다.

 궁전으로 돌아온 사트니는 파라오에게 모든 것을 이야기했다.

 "현명하게 행동하라. 나네페르카프타에게 그 책을 돌려

강요
억지로 또는 강제로 요구함.

주어라."

하지만 사트니는 아무 말도 듣고 싶지 않았다. 책을 펼쳐 주문을 읽고 싶은 생각뿐이었다.

그런데 밤이 되어 책의 내용을 알게 되기도 전에, 그는 꿈 하나를 꾸었다.

그는 프타 신전의 안뜰에 있었는데, 눈에 띄게 아름다운 여인이 그에게 다가왔다. 그는 그녀를 미친 듯이 사랑하게

되었다. 그녀를 차지하고 싶었다. 그는 그녀의 처소*까지 쫓아갔고, 들어와도 좋다는 허락까지 얻어냈다. 그가 여인에게 사랑한다고 말하자, 여인은 그가 자신을 위해 아내를 버리고 아이들에게도 왕좌를 물려주지 않겠다면 그의 여인이 되겠노라고 말했다. 여인이 말을 끝내기가 무섭게, 사트니는 그녀의 소원을 들어주겠다고 대답했다. 그러자 여인은 자신이 보는 앞에서 아이들을 죽이고 그 시체를 개

처소
사람이 기거하거나 임시로 머무는 곳.

들에게 던져 버리라고 요구했다. 욕망으로 이성을 잃은 사트니는 아이들을 불러다가 제 손으로 죽여 버렸다. 그러자 여인은 사트니에게 몸을 맡겼다. 그가 그녀를 안으려 하자, 여인이 비명을 질렀다. 그 바람에 사트니는 꿈에서 깨어났다.

혼란스러워진 사트니는 파라오를 찾아가 꿈 이야기를 했다. 그러자 파라오가 말했다.

"네 꿈 속에 나타난 여인은 아우레의 영혼이다. 그 책을 빼앗아 간 네 행동이 잘못이었음을 일깨워 주고 싶었던 거지. 네 안에 있는 것은 욕망이지 지혜가 아니다. 너는 그 책을 훔쳐서 실수를 저질렀고, 꿈 속에서 네 아이들을 죽여서 더 큰 실수를 저질렀다. 당장 가서 나네페르카프타에게 그 책을 돌려주어라."

사트니는 토트의 책을 가지고 나네페르카프타의 무덤으로 갔다.

"당신에게 그토록 가치 있는 이 책을 가져가다니, 내가 잘못했소. 당신을 위해 내가 무엇을 해 주면 되겠소?"

나네페르카프타가 대답했다.

"사트니, 그대는 아우레와 내 아들 메리브가 콥트 해에 있다는 걸 알 거요. 여기 있는 이들은 그들의 환영*일 뿐이

환영
눈앞에 없는 것이 있는 것처럼 보이는 것.

오. 내 아내와 아들을 내 영면*의 장소로 데려와 주시오."

무덤에서 나온 사트니는 파라오를 찾아가 나네페르카프타가 말한 것을 이야기했다. 파라오는 그에게 왕실의 배 한 척과 선원들을 내주었다. 콥트 해에 도착한 사트니는 아우레와 그녀 아들의 무덤을 찾기 시작했다. 사흘 낮 사흘 밤을 헤맨 끝에 드디어 무덤을 찾아냈다. 사트니는 무덤을 열고 죽은 이의 넋을 달래는 말을 읊조리고는 시체들을 거두어 멤피스로 가져왔다. 그리고 나네페르카프타 곁에 묻어 주었다.

사트니와 나네페르카프타의 이야기는 이렇게 끝을 맺는다. 두 남자는 학식*이 매우 높았지만, 신만이 알 수 있는 것까지 알려고 해서 신에게 죄를 지었다. 아무리 지혜로워지기를 원해도 인간은 역시 신이 만들어 낸 존재이다.

영면
영원히 잠듦. 곧 죽음을 뜻함.

학식
배워서 얻은 지식.

고대 이집트 문자는 여러 곳에서 발견된다. 문자는 처음에는 신들과 파라오의 말을 옮겨 적는 데 쓰였고, 점차 나일 강 계곡 주민들의 모든 활동을 보고하는 데 쓰였다.

문방구
서기관은 글을 쓰기 위해 모든 재료들을 이용했다. 파피루스뿐만 아니라, 나무 판자나 석회암 조각, 도기 파편들을 사용하기도 했다.

▶ 서기관 네브메르투프와 토트 신(서기관들을 보호하는 신)의 조각상. 편암, 이집트 신왕국 시대

▼ 초보 서기관의 나무판. 파피루스, 나무칼, 이집트 신왕국 시대

상형문자
상형문자의 기호들은 이미지와 사고, 음성을 동시에 나타낸다. 기호가 단순한 다른 문자들, 즉 종교에서 사용하는 문자와 민간인들이 사용하는 문자는 상형문자에서 파생된 것들이다.

사트니는 무덤 벽, 신전의 벽과 **기념 돌기둥**에 새겨진 글을 읽으며 시간을 보냈다.

▼ 앉아 있는 서기관. 채색된 석회암, 제5왕조, 이집트 고왕국 시대

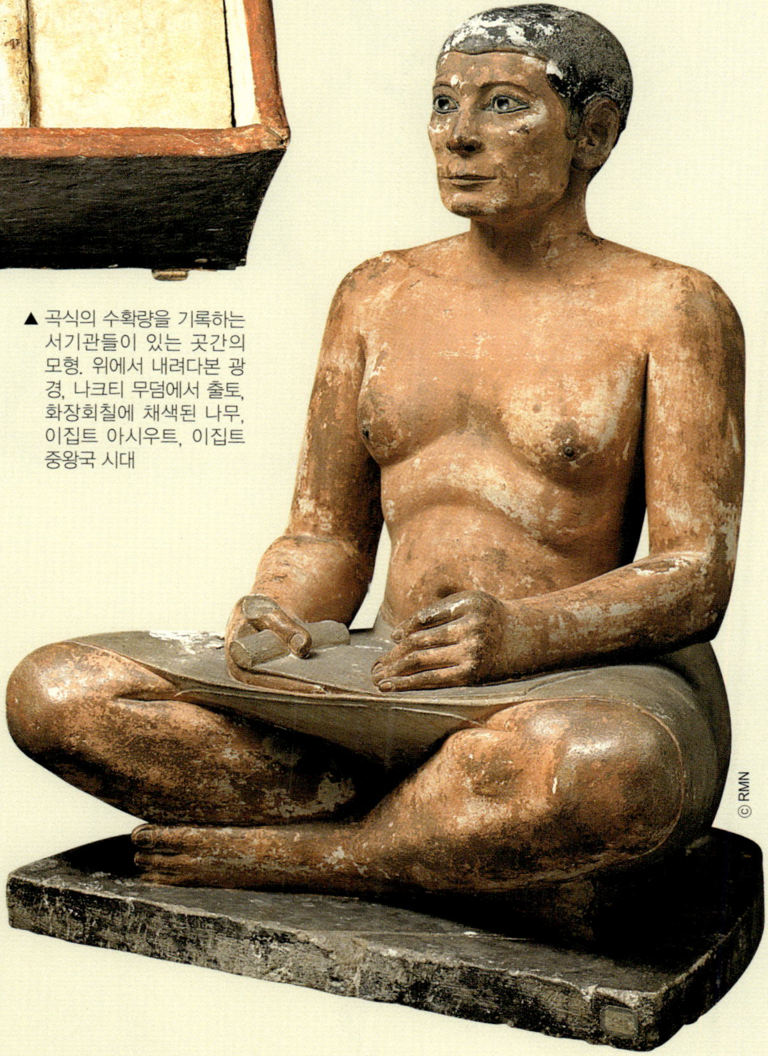

▲ 곡식의 수확량을 기록하는 서기관들이 있는 곳간의 모형. 위에서 내려다본 광경, 나크티 무덤에서 출토, 화장회칠에 채색된 나무, 이집트 아시우트, 이집트 중왕국 시대

서기관의 역할
이집트에서는 모든 것을 기록했다. 서기관은 대규모 농토를 소유한 지주나 신전, 왕실의 관리로 고용되었다.

유명한 서기관
사카라의 첫 번째 피라미드를 지어 올린 임호테프는 분명 서기관으로서 첫발을 내디뎠다. 이후에는 건축가로서 파라오 조세르의 신임을 얻었고, 죽은 후에도 수세기 동안 존경 받았다.

서기관
서기관들은 존경 받는 집단이었으며, 자기 자신을 자랑스럽게 여겼다. 그들은 오랫동안 힘들게 공부한 뒤, 여러 행정 기관에 들어가 중요한 자리에서 일할 수 있었다.

카데시 전투

이집트 왕 람세스 2세의 재위 9년, 셰무* 절기 두 번째 달에, 서기관*인 나, 펜타우르는 카데시 시 근처에서 히타이트 왕과 벌인 전투에서 람세스 2세가 거둔 승리에 관한 이야기를 완성했다. 5년 전 갑작스레 벌어진 그 전쟁에 나는 참가하지 않았다. 그래서 내 동료들과 왕실 고문서관의 책임자인 아메네미네트, 왕실 국고의 서기관인 아메네무이아에게 도움을 받아야 했다. 그들은 왕명을 수행하는 나를 전적으로 도와주었다.

재위 5년째 되던 해, 람세스 2세는 히타이트 족*의 신의 없는 왕 무와탈리스의 음모를 알고는 카데시까지 군대를 이끌고 가서 그를 물리치기로 결심했다. 멤피스 궁전에서 그는 새로운 도시 피람세스*에 군대를 집결하라고 명령했

셰무
곡실을 수확하는 계절.

서기관
글씨를 베끼어 써 주는 일을 직업으로 하는 사람.

히타이트 족
기원전 2000년경 소아시아 시리아 북부를 무대로 활약한 인도 유럽계의 민족.

피람세스
람세스 2세가 건설한 하 이집트의 수도.

제련소
광석을 용광로에 넣고 섞인 금속을 분리·추출하는 곳.

준마
빠르게 잘 달리는 말.

네 개의 분대
각각 아문, 라, 프타, 세트라는 이름이 붙었다.

아문
테베 시의 중요한 신.

다. 바로 그곳에서 그는 아들들과 왕국의 대신들을 둘러세워 놓고 원정 계획을 세웠다.

그러는 동안 무기 공장들은 활발하게 돌아갔다. 제련소*에서는 화살촉과 창, 도끼, 검들이 무수히 쏟아져 나왔다. 앞으로 있을 원정에 대비해 속도 빠른 전차들을 더 튼튼하게 보강하고 성능을 확인했다. 묵직한 나무 방패에는 두 겹으로 가죽을 대고, 활에는 새 시위를 달아 놓았다.

마침내 세무 두 번째 달 아홉 번째 날, 금도금한 청동판으로 튼튼하게 덧댄 가죽 흉갑을 차고, 머리에는 청금석 원판으로 장식한 왕관을 쓴 람세스 2세는 두 마리의 준마* '테베의 승리'와 '만족한 여신 무트'가 이끄는 금으로 뒤덮인 전차에 올라타고 군대를 정렬시켰다. 왕은 이집트 병사들과 친위대에 둘러싸여 있었다. 친위대는 노예로 남느니 왕을 섬기기로 결심한 옛 포로인 샤르단 인들로 구성되어 있었다. 샤르단 인들은 둥근 방패를 들고 뿔 두 개로 장식한 청동 투구를 썼으므로, 쉽게 알아볼 수 있었다.

람세스 2세가 보는 앞에서 네 개의 분대*가 행진을 했다. 아문* 분대가 행렬의 선두에 섰다. 가장 노련한 병사들이 탄 전차 부대는 보병 부대의 앞에서 행진했다. 전차들은 각각 튼튼한 말 두 마리가 끌었고, 창과 활로 무장한 전사

두 명이 올라타고 있었다. 그들은 왕 곁에서 싸우는 정예 군단에 속한 것을 자랑스러워했다. 날쌘 보병들은 적을 쓰러뜨리며 뒤를 따랐다. 그 뒤로는 음악대가 나팔을 불고 북을 두드리며 행진했다. 그 뒤를 다시 보병 부대가 따르는데, 4천 명의 군사들은 장교들이 이끄는 2백 명 단위의 소부대로 나뉘고, 그 소부대들은 다시 한 명의 기수가 선두에 서는 오십 명 단위의 소단위로 나뉘었다. 그들은 강력한 활과 긴 창, 예리한 도끼와 날카로운 검으로 무장하고 있었다. 마지막으로 각 소부대의 뒤에는 힘센 소들이 끄는 감독관들의 무거운 수레와 함께 노예와 의사, 장인들의 행렬이 이어졌다.

군대의 행진이 모두 끝나고 우레와 같은 환호성도 그치자, 람세스 2세는 자랑스러운 준마들을 전속력으로 달리게 해 행렬의 선두에 서서 북쪽으로 방향을 잡았다. 북쪽에는 오래 전부터 파라오에게 조공*을 바쳐 온 다른 나라들이 있었다. 홍해 해안을 따라 이집트 군대가 나타나자, 외국의 수많은 군주와 왕자들이 나와 람세스 2세에게 절을 올렸다. 그들은 람세스 2세의 힘을 두려워하고 있었다.

피람세스를 떠난 지 한 달 후에, 람세스 2세는 오론테스

조공
전쟁에서 패한 나라가 승리한 나라에 바치는 돈이나 물건.

오론테스 강
현재의 레바논에서 시작하여 지중해로 흘러드는 강.

알레포
시리아에 있는 도시.

강*이 한눈에 들어오는 언덕에 야영지를 만들었다. 정찰병들이 베두인 족 포로 두 명을 왕 앞으로 끌고 왔다. 포로들은 파라오 앞에 무릎을 꿇고는, 자신들은 위대한 이집트 왕에게 도움이 되기를 간절히 바라는 베두인 족장의 형제들이라고 말했다. 족장들이 어디 있느냐고 파라오가 묻자, 포로들이 대답했다

"그들은 현재 알레포* 근처에 있는 야비한 히타이트 족 가까이에 있습니다. 히타이트 족은 폐하 때문에 남쪽으로 내려오기를 두려워하고 있습니다."

파라오는 히타이트 족의 왕이 멀리 북쪽에 있다는 소식에 반가운 표정을 감추지 못했다. 파라오는 가능한 한 빨리 카데시에 도착할 수 있도록 서둘러 군대를 이동시켰다. 파라오는 친위대와 시종들, 그리고 아문 부대를 이끌고 얕은 개울을 두 발로 건넜다. 그 뒤로 라, 프타, 세트 부대가 뒤따랐다.

카데시 평원을 지나자, 파라오는 오론테스 강과 그 지류에 따라 만들어진, 섬처럼 고립된 반란의 도시 북서쪽에 진지를 세우라고 명령했다. 병사들은 그곳에 왕이 머물 천막을 세우고 파라오의 왕좌를 마련했다. 아문 부대의 병사들이 왕의 천막 주위로 못을 파고 나무 방패들을 단단히 박아

요새를 만드는 동안 파라오는 천막 안에서 피로를 풀었다.

파라오는 아들들과 대신, 시종들에 둘러싸인 채 천막 아래에 자리를 잡았다. 그때 정찰병들이 히타이트 족 첩자* 두 명을 끌고 왔다. 그들은 붙잡혀 몹시 얻어맞은 상태였다. 그들은 파라오에게 털어놓았다.

"히타이트 족장이 폐하가 어디 있는지 염탐*하라고 저희들을 보냈습니다."

파라오가 물었다.

"그럼 알레포에 있다던 그 비겁한 히타이트 족장은 지금 어디 있는가?"

"벌써 여기 와 있습니다. 히타이트 군사들, 그리고 동맹군과 함께요. 그들은 지금 카데시 후방에 있습니다. 모래사장의 모래알보다도 더 수가 많습니다."

포로들이 대답했다. 파라오는 적들이 가까이 있다는 사실에 당황했다. 적이 그토록 가까이 있다는 것도 모르고 히타이트 족장의 첩자인 베두인 족들의 꾀에 어이없이 속아 넘어간 대신들에게 몹시 화가 났다. 파라오는 부하들을 호되게 꾸짖고는 고위 관리에게 말했다.

"서둘러 프타와 세트 부대로 가라. 그들은 아직 라부이 숲에 있을 것이니, 서둘러 돌아오라고 전하라!"

> **첩자**
> 비밀이나 상황을 몰래 알아내기 위해 파견한 사람.
>
> **염탐**
> 몰래 남의 사정을 살피고 조사함.

카데시 전투 ■ 109

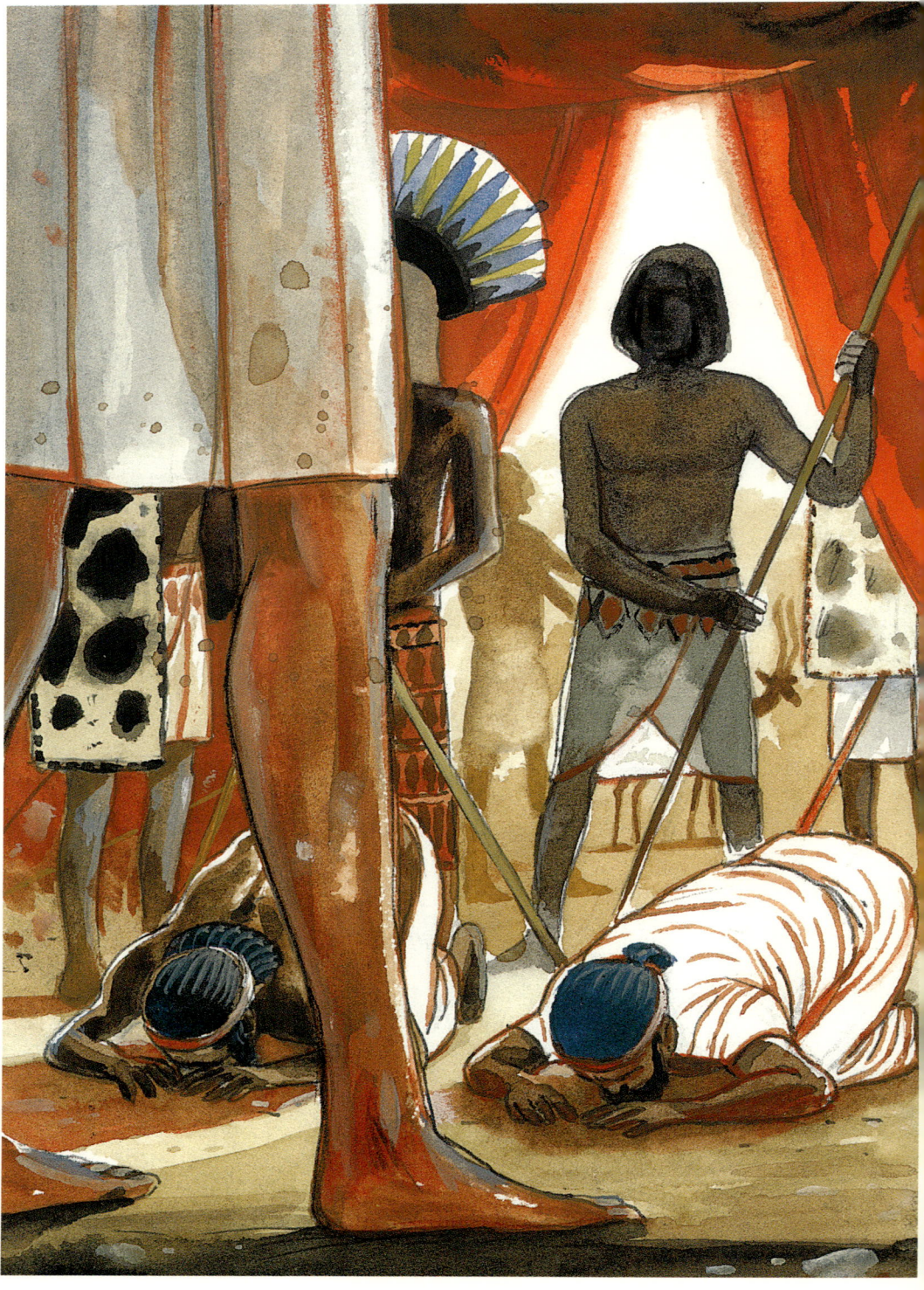

부하들이 달려가 진지 여기저기 흩어져 있는 군사들을 불러 모으는 동안, 파라오는 시종들을 불러 군사들을 자신에게 데려오라고 명령했다.

하지만 너무 늦었다. 비겁한 히타이트 족은 한창 카데시 평원을 지나고 있던 라 분대를 향해 군대를 진격시켰다. 2,500대의 히타이트 족 전차들이 이집트 군대를 치고 들어갔다. 이집트 병사들은 적이 그토록 가까이 있는 줄도 모른 채 기습 공격을 당했다. 나머지 군사들은 제대로 저항해 보지도 못하고 뿔뿔이 흩어졌다. 히타이트 족들은 방어가 허술한 진지 쪽으로 돌진해 들어갔다. 이집트의 첫 번째 탈주병들은 전차들에게 추격당하며 진지 입구에 이르렀다. 아문 분대의 병사들은 여전히 전열*을 가다듬지 못하고 있었다. 반격할 수 없었던 그들은 상관의 명령을 무시한 채 제멋대로 흩어져 버렸다. 적의 전차들은 이미 이집트 군대의 진지 안으로 뚫고 들어와 있었다.

하지만 파라오는 아무런 대책도 내리지 않고 있었다. 그는 시종 메나를 불렀다.

"진정하고 그대로 있으라. 매가 먹이를 덮치듯 내가 저들에게 갈 것이다. 내, 저들을 휩쓸어 죽이고 승리할 것이다."

전열
전쟁에 참가하는 부대의 대열.

두 마리 준마가 끄는 전차에서 뛰어내린 파라오는 헤아릴 수 없이 많은 적들과 맞서 싸웠다. 2,000대가 넘는 전차들이 그에게 돌진해 왔다.

전쟁과 파괴의 신 세트와 세크메트의 노여움과도 같은 분노로 가득 차 있던 파라오는 아문 신을 향해 말했다.

"제겐 단 한 명의 부하도, 단 한 명의 전차꾼도, 단 한 명의 병사도 없습니다. 저 혼자뿐입니다! 오, 아버지 아문 신이시여, 도대체 무슨 일이 일어난 겁니까? 아버지가 아들을 저버릴* 수 있단 말입니까? 제가 아버지 말씀을 거역한 적이 있습니까? 이 동방인들이, 신을 모르는 이 야비한 족속들이 아버지에게 무엇이란 말입니까? 저는 아버지를 위하여 수많은 거대한 기념물을 세우고, 당신의 신전을 수천 명의 포로로 가득 채우지 않았습니까? 오, 아버지 아문 신이시여, 저는 수많은 적 한가운데 있

저버리다
마땅히 지켜야 할 도리나 의리를 잊거나 어기다.

습니다. 보병대는 저를 버리고, 전차꾼들도 달아나 버렸습니다. 그들을 향해 소리쳐 보지만, 아무도 제 목소리를 듣지 못합니다. 하지만 저는 압니다. 아문 신께서는 수백만의 병사보다, 수십만 대의 전차보다 위대하다는 것을 말입니다!"

그때, 천둥소리와 함께 아문 신이 파라오에게 손을 내밀었다. 아문 신이 말했다.

"내가 너와 함께 있노라, 사랑하는 람세스야! 나는 네 아버지이고, 너의 손을 잡고 있노라! 나는 승리의 주인, 용기를 사랑하노라."

파라오는 적을 공포에 **휩싸이게*** 했다. 거듭된 공격은 적을 주춤하게 만들었다. 왕 친위대의 병사들도 점차 냉정함을 되찾았다. 거친 샤르단 인들도 대열을 갖추고 자신들이 섬기는 주인 주위로 뛰어들었다. 밀려드는 적에 밀려

휩싸다
휘휘 둘러 감아서 싸다.

몰살
모조리 다 죽음.

정연하다
무엇이 가지런하고 질서가 있다.

흩어져 있던 이집트의 전차들 또한 서둘러 전투에 달려들었다. 하지만 적은 헤아릴 수 없이 많았고, 프타와 세트 분대는 아직 멀리 있었다. 이집트 인들은 용기와 파라오에 대한 충성심으로 싸움에 나섰지만, 적에게 몰살*당했다.

그때 지원군이 도착했다. 파라오가 페니키아 해변을 통해 보낸 지원군이 마침내 카데시 평원에 이른 것이다. 파라오의 군사들은 질서 정연*하게 발걸음을 재촉했고, 전차들은 적을 향해 돌진했다. 뜻밖의 공격 앞에 적들은 전열을 무너뜨리고 오론테스 강에서 후퇴했다.

적들은 비겁하게 도망갔다. 불타오르는 듯한 파라오의 전의에 용기를 얻은 이집트 병사들은 적을 추격했다. 완전히 흩어진 적은 파라오의 복수를 피하기 위해 오론테스 강에 몸을 던졌다. 무기의 무게 때문에 강물에 가라앉아 죽은 적도 이루 셀 수가 없었다.

알레포에서 동맹군들의 공격을 이끌던 히타이트 족의 왕은 시종들의 도움으로 강물에서 빠져나와 가까스로 목숨을 건졌다. 그가 삼킨 물을 뱉어 내게 하려고 시종들이 그의 발목을 잡고 거꾸로 들어올려야 했다.

마침내 전쟁은 끝이 났다. 진지 안쪽과 평원 주변에는 온통 시체들이 널려 있었다. 부상자들은 신음 소리를 내며 살려 달라고 외쳤다. 고위 관리들은 군사들을 다시 모아 파라오가 있는 곳으로 갔다. 파라오는 전차에 올라타고 있었다. 햇빛이 파라오의 황금빛 흉갑을 비추었다. 환호성이 병사들의 가슴 속에서 **용솟음쳤다***. 하지만 세크메트의 분노와 같은 노여움에 사로잡혀 있던 파라오는 병사들을 호되게 꾸짖었다.

용솟음치다
힘이나 기세 따위가 매우 세차게 북받쳐 오르거나 급히 솟아오르다.

"장교들이여, 보병들이여, 전차병들이여, 어찌 그대들이 전장에서 달아날 수 있단 말인가? 내 그대들에게 은혜를 베풀었거늘, 어찌 나를 적 한가운데 홀로 버려 둘 수 있단 말인가? 그대들이 나를 버렸다는 말을 들으면 사람들이 뭐라고 할 것인가? 나는 내 두 마리 준마 '테베의 승리'와 '만족한 여신 무트'를 몰았다. 내가 수많은 적과 싸울 때 내 목숨을 구한 것은 바로 이 두 마리 말이다. 앞으로 내가 궁전에 있을 때는 내가 직접 이 말들에게 꼴을 먹일 것이다."

파라오는 말을 마친 뒤 병사들을 돌려보내 진지와 전쟁터를 정리하게 했다.

의사들이 천막을 치고 부상자들을 돌보았다. 생포된 적들은 줄줄이 팔이 묶인 채 넓은 대열을 이루며 파라오 앞으로 끌려갔다. 병사들은 시체들을 모으고 의식에 따라 매장

했다. 적들의 시체에서는 오른손을 베어 냈다. 죽은 적의 수를 헤아릴 수 있도록 서기관들에게 가져다 주기 위해서였다.

그 사이 어둠이 깔리고, 나머지 프타 분대와 세트 분대가 마침내 전장에 도착했다.

파라오의 군대가 모두 모인 것이다. 야비한 히타이트 족의 공격을 받긴 했지만, 파라오의 군대가 입은 피해는 미미했다. 파라오는 다음 날 카데시의 요새 아래에서 최후의 공격을 하기로 결심했다.

이른 아침, 파라오는 군대가 전투 대열을 갖추게 했다. 친위대와 전차 부대가 파라오를 둘러싸고 있었다. 그 뒤를 창 부대와 화살 부대가 따랐다. 파라오는 적진으로 무섭게 돌진해 들어갔다. 햇빛이 파라오의 흉갑을 비추고, 황금빛 성사장*이 청금석 왕관 위에서 환하게 빛났다. 빛으로 적들을 모두 태워 버리는 태양신 라의 모습과 흡사했다.

히타이트 족은 무참히 쓰러졌지만 병사들의 수는 여전히 많았다. 전차 부대는 전날의 패배로 많은 병사를 잃어 반격할 수 없었지만, 보병 부대는 아직 멀쩡했다.

히타이트 족의 왕은 현재 상황에서 빠져나갈 구멍이 없음을 알고는 파라오에게 급히 전령을 보내어 자신의 뜻을 전했다.

"당신은 하라크티라*요, 세트요. 당신은 바알*이자 히타이트 족이 두려워하는 인물이오. 공격을 그만두시오. 당신의 승리는 위대하오. 당신은 어제 수천에 이르는 나의 병사들을 몰살시키고, 오늘 다시 와서 히타이트 족의 후계자들을 전멸시켰소. 오, 승리한 왕이여, 너무 잔인하게 굴지 마시오. 평화는 전쟁보다 유익한 것, 우리에게 생명의 숨결을 남겨 주시오."

파라오는 히타이트 왕의 간청을 받아들였다. 히타이트 동맹국의 왕들은 카데시 시를 히타이트 왕에게 남겨 두고는 자신들의 군대를 이끌고 돌아갔다. 평화를 되찾은 뒤,

성사장
머리를 꼿꼿이 세운 코브라의 형상. 분노로 몸을 떨며 적을 향해 독을 뿜어 낼 준비가 되어 있는 모습, 전쟁의 신 라와 몬투를 상징한다.

하라크티라
독수리의 모습을 한 태양신 라.

바알
페니키아의 전쟁의 신.

전리품
전쟁에 이겨서 얻은 물건.

파라오는 이집트로 돌아갈 준비를 했다. 그는 군대를 다시 집합시켜 남쪽으로 보냈다. 수천 명의 포로들과 **전리품***, 그리고 외국 신하들이 바친 공물들로 가득 찬 무거운 수레 여러 대가 그 뒤를 따랐다.

재위 6년, 아크헤트 절기의 첫째 달 말에 파라오와 승리한 군대는 마침내 피람세스에 도착했다.

  파라오는 신들에게 경배하러 갔다. 특히 전쟁 때 그를 지지해 준 아버지 아문 신에게 경배했다. 파라오는 아문 신에게 은괴와 금괴, 수천의 포로들, 그리고 짐승들의 머리를 바쳤다. 그런 다음 궁전으로 돌아와 왕궁 베란다 아래 모여든 백성들 앞에 모습을 나타냈다. 모든 이들이 파라오를 맞아 환호성을 울리며 그에게 감사의 절을 올렸다.

군대는 처음에 초기 이집트를 통합하는 데 필요했고, 그 뒤에는 국경을 지키는 일이나 남쪽(누비아) 또는 동쪽(팔레스틴)으로 뻗어나가기 위한 정복 전쟁에 동원되었다. 오랫동안 보병과 창 부대, 화살 부대로만 구성되어 있던 이집트 군대는 기원전 1500년경, 아시아의 군대를 모방한 전차 부대를 갖추어 힘이 세졌다.

▲ 말들이 조각된 반지. 홍옥수가 박힌 금, 제18왕조 말기

말
이집트 인들은 대개 전차를 끄는 데에만 말들을 이용했다. 전차병은 군대에서 엘리트 군단을 형성했다.

▲ 푼트를 향해 출병하는 병사들. 하트셰프수트 여왕의 신전에 있는 저부조, 이집트 다이르알바흐리

포로
파라오는 종종 수많은(때로는 몇천 명에 이르는) 포로들을 이끌고 왔다. 그들은 파라오의 측근들에게 주어지거나 신전에 바쳐졌다. 또한 병력으로 모집되거나 이집트 국경 지대의 땅을 경작하는 데 동원되기도 했다.

병사들의 생활
병사들의 생활은 비참했다. 그들은 끝없이 행군을 하고 적은 식량을 배급받았으며, 엉성한 진료를 받아야 했다. 그들은 다른 지역에서 제대로 된 장례 의식도 치르지 못하고 죽을지 모른다는 두려움에 시달렸다.

두 마리 준마가 끄는 **전차**에서
뛰어내린 **파라오**는 헤아릴 수 없이
많은 적과 맞서 **싸웠다**.

▲ 단검

▲ 누비아 인들을 향해 돌격하는 투탕카멘 왕

◀ 소대를 이룬 병사들 모형

▼ 아시아 인 포로. 사기, 이집트 신왕국 시대

무기
병사들은 창, 나무 방패, 때로는 가죽으로 된 올가미, 활, 손도끼, 단검 등을 사용했다.

군대
군대는 이집트 인들로 구성되었지만, 누비아나 리비아에서 모집한 용병을 쓰기도 했다.

파라오, 전쟁의 우두머리
전쟁은 파라오의 주된 활동 중 하나였다. 파라오는 종교적인 활동을 통해 악의 힘을 몰아내듯 나라의 적들을 몰아냈다.

저세상으로 가는 길

이집트 왕 람세스 2세의 재위 39년에, 라 신의 아들 메르네프타*의 무덤의 서기관인 나 켄헤르크헤프셰프는 내 아버지 라모세를 위해 아름다운 서방세계로 가는 모든 통과 의식을 끝냈다.

아버지가 죽자, 나는 가족과 울부짖는 여인들에 둘러싸인 채 아버지의 영생*을 준비하기 위해 정결 의식을 하는 장소로 시신을 가져갔다.

시신을 방부 처리하는 사람들은 아누비스* 신의 모습처럼 검은 개의 가면을 쓴 '비밀을 아는 사제'의 지시에 따라 우선 시신을 씻겼다. 그런 다음 시체의 콧구멍으로 갈고리를 넣어 뇌를 들어내고, 흑요석* 칼로 왼쪽 옆구리를 자른 다음, 지성과 영혼의 중심인 심장만 남겨 놓고 내장을 모두

메르네프타
기원전 1213~1204년, 람세스 2세의 아들이자 후계자.

영생
영원히 삶.

아누비스
시체를 방부 처리하는 사람들이 섬기는 신.

흑요석
화산에서 생성되는 광물. 유리 조직을 갖고 있다.

꺼냈다. 40일 동안 돌로 된 탁자 위에 올려놓았다가, 말리기 위해 소금 오아시스에서 나는 천연 탄산소다를 입혔다. 그러는 동안 내장들은 씻어서 송진을 바르고 아마포로 덮어 놓았다가, 호루스의 네 아들*이 보호하는 네 개의 단지에 담아 두었다. 인간의 머리를 한 암세트는 영원히 간을 지키고, 비비원숭이의 머리를 한 하피는 폐를, 자칼의 머리를 한 두아무테프는 위장을, 매의 머리를 한 케베흐세누프는 소장과 대장을 지키게 된다.

이러한 작업이 끝난 후, 시신을 치장실로 옮겼다. 송진과 향신료를 적신 아마포로 속을 채우고 아마포 붕대로 감는데, 붕대 사이사이에는 수많은 부적*을 끼워 넣었다.

네 아들
암세트, 하피, 두아무테프, 케베흐세누프를 말한다.

부적
위험에서 몸을 지켜 주는 물건.

특히 마법의 주문이 적히고, 초록색 벽옥*으로 된 심장 모양의 부적은 시신의 심장 위에 놓였다. 부활의 색깔인 초록색 아마조나이트*로 된 작은 파피루스 기둥은 목 위에 놓였다. 붉은색 벽옥으로 된 티트*와 청금석으로 된 제드*는 가슴 위에 끼워 넣었다.

시신의 목 아래에 놓이는 머리 받침대는 부활의 시간에 시신이 다시 머리를 가눌 수 있게 해 준다. 모든 것이 끝나자, 죽은 자의 찬란했던 젊은 시절을 떠올리게 해 주는 황금 마스크가 얼굴에 씌워졌다.

장례식 날, 우리는 방부 처리실을 떠나 아버지의 영면 장소로 올라갔다. 장례 행렬이 길게 이어졌다. 곡*하는 여인

벽옥
녹색, 홍색 등의 불투명한 빛을 띠는 광물질.

아마조나이트
천하석. 청록색 또는 녹색의 광물.

티트
이시스와 연관되는 부적

제드
오시리스의 척추를 상징하는 부적.

곡
제사나 장례를 지낼 때에 일정한 소리를 내며 욺.

들이 앞장서고, 아버지와 가까이 지냈던 사람과 소들이 관이 실린 썰매를 끌었다. 그 앞에서는 사제가 마법의 주문을 외고, 또 다른 사제가 향을 피웠다. 아버지의 무덤 속에 함께 묻을 집기들을 든 하인들이 뒤를 따랐다.

장례식이 치러질 교회에 도착했을 때, 나는 아누비스의 마스크를 쓴 사제가 잡고 있는 미라 앞에서 마지막 의식을 하기 위해 표범 가죽을 몸에 둘렀다. 나는 미라의 얼굴에 향료를 바르고, 미라의 입을 여는 예식을 하기 위해 **손도끼*** 를 집어들었다. 이 예식을 통해 아버지는 생명의 숨결을 되찾게 되는 것이다. 모든 의식이 끝나고, 아버지는 파피루스로 된 '밝은 세상으로 가는 책'과 함께 미라의 모습을 본뜬 관에 담겼다. 이 파피루스는 아버지가 오시리스 앞에 무사히 나타날 수 있게 해 준다.

모든 것이 지하 납골당으로 내려보내졌다. 석관은 나무 침대 위에 놓였다. 나무 침대 가까이에는 아마포 천으로 감싼 아버지의 조각상과 **장례용 단지*** 가 담긴 궤, **샤우압티스*** 가 담긴 작은 궤가 있었다. 아버지의 재산들은 여기저기에 쌓아 놓았다. 그만큼 아버지의 재산은 많았다.

아버지의 옷가지가 담긴 상자들, 그리고 청동 면도칼, 가위, 거울, 유리와 설화석고로 만든 작은 향신료 병, 화장품

손도끼
나무를 재단할 때 목수들이 사용하는 도구.

장례용 단지
시신의 장기가 담긴 단지

샤우압티스
죽은 자를 나타내는 작은 조각상으로, 저 세상에서 죽은 자를 위한 작업을 이행한다.

이 들어 있는 상자도 있었다. 또한 팔걸이 의자, 등받이 없는 나무 의자, 갈대 돗자리와 종려나무로 만든 탁자도 있었다. 마지막으로 우리는 식량이 가득한 바구니와 포도주병, 술병을 그곳에 두었다. 아버지가 영원히 배고프지 않고 목마르지 않게 하기 위해서였다.

모든 것을 끝마친 후, 지하 납골당을 밀폐*하기 위해 납골당 입구와 납골당으로 통하는 복도에 석벽을 세웠다. 이제 아버지가 영면하는 장소에는 누구도 접근할 수 없다. 벽돌로 만든 작은 피라미드를 머리에 이고 있는 교회만이 그 위에 보일 것이다.

이제 죽은 자에 대한 심판이 어떻게 전개되는지를 보자. 이것은 라모세의 이야기이다.

나는 오시리스* 라모세이다. 내가 죽자, 나의 바*는 내 육체를 벗어나 날아올랐다. 내가 죽었다는 소식이 전해졌을 때, 나에 대해 험담하는 사람은 아무도 없었다. 이렇게 해서 나의 장례식이 치루어졌고, 모든 의식을 지켜볼 수 있었다.

나는 여기, 오시리스 왕국의 입구에 있다. 나는 신의 법

밀폐
샐 틈이 없이 꼭 막거나 닫음.

오시리스
죽은 자는 죽은 자들의 신인 오시리스와 같다고 생각한다.

바
사람의 머리를 한 새로 표현된다. 이 새는 죽은 자가 죽은 자들의 세계와 산 자들의 세계 사이를 오갈 수 있게 해 준다.

로제타
멤피스 공동 묘지의 일부분으로, 여기서는 일반적으로 죽은 자들이 사는 장소를 가리킨다.

정당함을 인정받다
여기서는 죽은 자가 죽은 자들의 세계에 들어가는 것을 허락하는 시험들을 무사히 통과했음을 의미한다.

정이 있는 '두 마아트 신의 방'으로 가야 한다. 나는 위대한 신과 신을 수행하는 모든 시종들과 함께 배를 타고 하늘을 가로지르고, 로제타*를 지나서 마침내 신의 방 문 앞에 도착한다.

방 안쪽에서 아누비스의 목소리가 들려온다.

"이집트에서 온 인간의 목소리가 들리는구나. 그가 우리에게 오는 길과 우리가 사는 도시를 알고 있으니 기쁘도다. 그런데 그는 누구인가?"

"나는 오시리스 라모세입니다. 위대한 신들을 만나 뵙고 당신들 앞에서 나의 정당함을 인정받고자* 왔습니다."

"그러면 네 심장의 무게를 재어 보자."

그는 내게 다시 묻는다.

"너는 두 마아트 신의 방 문에 붙은 이름을 알고 있느냐?"

"그 문의 이름은 '네가 슈를 쫓아낸다' 입니다."

아누비스가 나를 안으로 들이더니, 오시리스의 법정으로 데리고 간다. 서방세계의 주인이 대법관의 자리에 앉아 있고, 그 옆에는 마흔두 명의 판관 신들이 앉아 있다. 방 한가운데에 저울 하나가 놓여 있고, 저울 가까이에 정의의 여신 마아트와 토트 신, 따오기의 머리를 한 서기관이 있다. 한쪽 저울판에는 내 심장이 놓이고, 다른 한쪽 저울판에

는 타조의 깃털이 놓인다. 내 심장이 깃털보다 무거우면 나는 먹보 괴물에게 내던져질 것이다.

악어이면서 하마이고 사자인 이 잡종 괴물은 죽은 자들의 왕국에서 죄지은 자들을 없애 버린다.

하지만 나는 마법의 주문을 알기 때문에 두렵지 않다.

'오, 내 심장이여. 오, 내 어머니의 심장이여. 오시리스 앞에서 나를 버리지 말아 다오. 심판의 날에 나를 저버리는* 증언을 하지 말아 다오.'

나는 대법관 자리에 앉아 있는 위대한 신에게 말한다.

"위대한 신이시여, 안녕하십니까? 나는 신을 알고 있습니다. 신의 이름과 두 마아트 신의 방에 당신과 함께 있는 마흔두 명 판관 신들의 이름을 알고 있습니다.

나는 나쁜 짓을 저지르지 않았습니다.

신을 모독한 적도 없습니다.

가난한 자에게 가난의 짐을 더 짊어지게 한 적도 없습니다.

다른 이들을 굶주리게 하지 않았습니다.

저버리다
등지거나 배반하다.

다른 이를 울린 적도 없습니다.
누구를 죽인 적도, 죽이라고 사주*한 적도 없습니다.
신전에 제물로 바쳐진 곡식을 훔친 적이 없습니다.
무게와 크기를 속인 적도 없습니다.
젖먹이의 입에서 우유를 빼앗은 적도 없습니다.
땅에 물을 대는 걸 막은 적도 없습니다.
나는 순수합니다. 완전히 순수합니다."

> 사주
> 남을 부추겨 좋지 않은 일을 시킴.

위대한 신은 저울을 돌아보고는 마아트 신이 보는 앞에서, 내 심장의 무게를 달라고 명령했다. 내 심장이 놓인 저울판은 움직이지 않았고, 내 심장은 진리와 정의의 깃털보다 무겁지 않았다. 그러자 영원의 지배자인 신은 토트 신에게 내 이름을 정의로운 자들의 명부에 써넣으라고 명했다.

나는 오시리스 라모세, 정당함을 인정받았다. 나는 뛰어난 영혼들에게 환대받았다. 매일 빛의 세계로 나가 라 신의 배를 타고 하늘을 두루 돌아다녔다. 나는 이알루의 들판에서 일을 한다. 그곳에서 밭을 갈고 수확을 한다. 산 자들은 내 장례 교회에 계속해서 제물을 바쳐라. 그곳에서 나를 위해 의식의 말을 되풀이하라!

▲ 하워드 카터

죽음은 새로운 삶으로 넘어가는 순간이다. 다른 사람들은 산 자들의 세계와 비슷한 오시리스의 세계로 가는 반면, 파라오는 신들의 세계로 들어가게 된다. 따라서 파라오의 시체는 영원히 보존되도록 미라로 만들고, 무덤 속은 파라오가 살아 있을 때 그의 주변에 있던 친숙한 것들로 채워야 했다.

▶ 마자 부인의 석관. 색칠한 나무

무덤의 발견
1922년, 하워드 카터는 위대한 고고학적 발견을 했다. 도굴당하지 않고 보존되어 있는 파라오 투탕카멘의 무덤을 발견한 것이다.

곡하는 여인들
무덤 속에 관을 넣기 전에 집안의 여인들과 이웃 여자들은 한쪽 팔을 머리 위로 들어올리고 곡을 한다. 이러한 몸짓은 오늘날에도 이집트에서 찾아볼 수 있다.

석관
초기에는 돌이나 나무로 만든 거대한 네모 상자였다. 후에는 미라 형태의 상자로 변했다. 때로는 관이 두 개로 짜여져, 관 하나에 그보다 조금 작은 관이 끼워져 있기도 했다.

▲ 죽은 자와 작별. 아니의 '죽은 자들의 책'

▼ 심장 무게 달기. 후네페르 파피루스

▲ 죽은 자들의 의식

라 신의 아들 메르네프타의 무덤의 서기관인 나 켄헤르크헤프셰프는 아버지를 위해 아름다운 서방세계로 가는 모든 통과 의식을 끝냈다.

◀ 후네페르 파피루스

의식

오시리스와 동일시되는 죽은 자는 통곡하고 있는 이시스와 네프티스의 보호를 받는다. 그 옆에는 아누비스와 호루스가 오시리스의 척추를 상징하는 기둥 부적으로 변한 죽은 자를 둘러싸고 있다.

오시리스 앞에서의 심판

죽은 자의 심장은 오시리스 앞에서 저울판 위에 올려진다. 다른 한쪽 저울판에는 마아트 여신의 깃털이 놓인다. 저울이 수평을 이루면, 죽은 자는 오시리스에게 받아들여진다. 죽은 자의 심장이 깃털보다 무거우면, 죽은 자는 '먹보 괴물'에게 내던져진다. 신의 서기관 토트가 저울 곁에서 판결 내용을 기록한다.

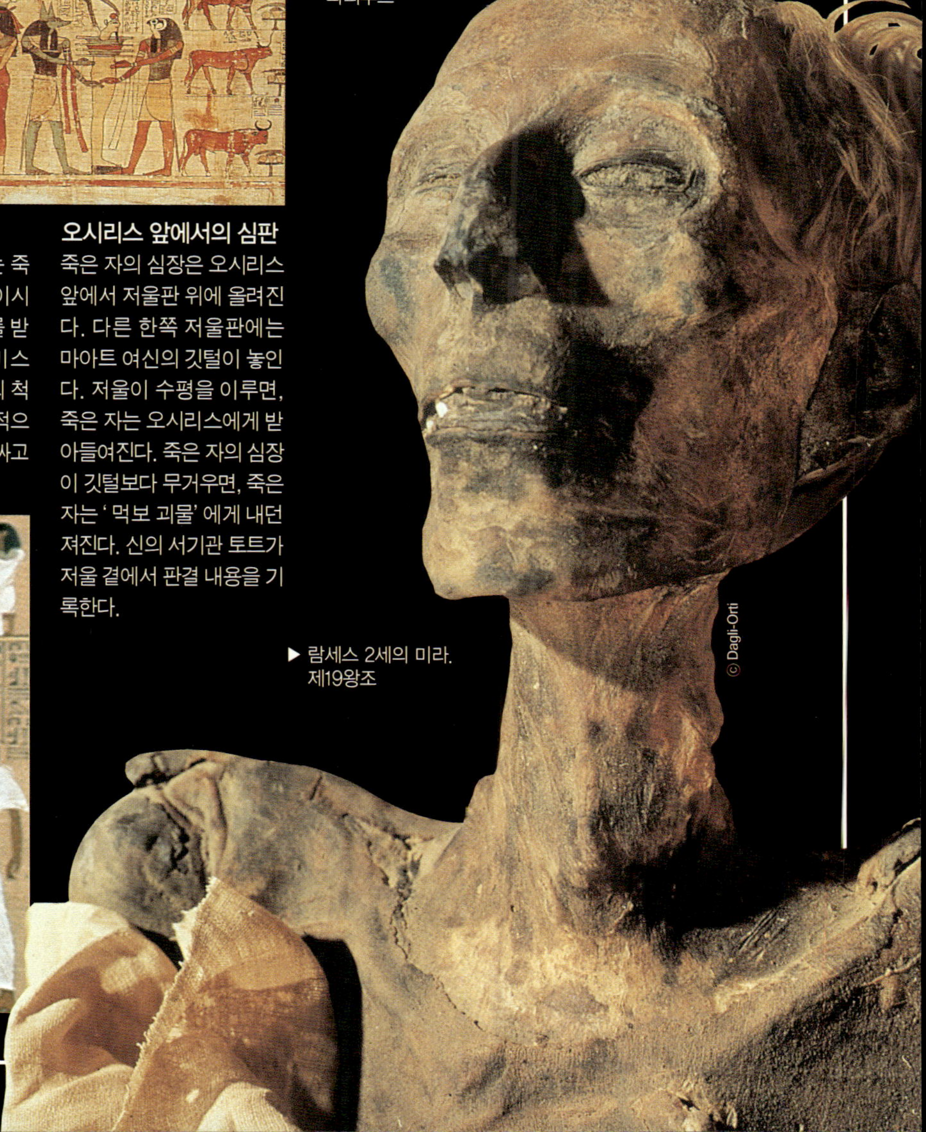

▶ 람세스 2세의 미라. 제19왕조

참고 문헌

● 외국 자료

이 책에 쓰인 이야기들은 주로 파라오 시대의 이집트 문헌에서 가져왔다. 이 책에 실린 이야기를 쓴 작가 중 이집트 인이 아닌 외국인은 두 사람이다. 한 사람은 기원전 5세기 그리스의 역사학자이자 여행가인 헤로도토스로서,《저세상으로 가는 길》중 이집트 인들이 미라를 만드는 과정에 대한 묘사 부분에 그의 글이 인용되었다. 다른 한 사람은 1세기 그리스의 플루타르코스로서,《오시리스를 찾아 나선 이시스》에 그의 글을 인용했다.

● 이집트 자료

그 외의 이야기들은 주로 파라오 시대의 이집트의 저자들이 쓴 것이다.《토트의 책》만 프톨레마이오스 왕 시대 (기원전 4~1세기)에 씌어진 것으로, 훨씬 앞선 시대의 사건들을 참고로 한 것인데, 이는 아마도 수세기 전부터 구전이나 문자로 전해져 온 이야기일 것이다.

● 저자

이 책에 실린 이야기들 중 어떤 것은 누구의 글인지 명확하다. 서기관 펜타우르는 카데시 전투가 끝나고 4년 후에《카데시 전투》이야기를 썼다.《조난자의 이야기》는 서기관 아메나아의 작품이다. 그는 기원전 1800~1780년경의 사람이다.《형제 이야기》는 서기관 에네나의 작품으로, 시프타 왕 시대 (기원전 1193~1187년)에 씌어졌다.

알려지지 않은 저자들
신화적인 이야기들은 저자가 누구인지 거의 알 수 없다. 몇몇 저자의 이름이 드러나 있기는 하지만, 그들이 정확히 어떤 사람들인지는 밝혀지지 않았다. 요컨대 이집트의 작가는 현대적인 의미의 창조자가 아니라 솜씨 좋은 장인일 뿐이다.

▼ 앉아 있는 서기관. 채색된 석회암, 이집트 고왕국 시대

민용문자

종교문자

● 텍스트가 씌어지는 재료 : 파피루스

대부분의 이집트 문헌은 파피루스에 씌어 있다. 파피루스는 찢어지기 쉬운 재질이다. 수많은 문헌들이 불완전하게, 때로는 재구성하기 힘들 정도로 훼손되어 있는 것은 바로 이 때문이다. 물론 《조난자 이야기》 같은 작품은 파피루스가 찢어지기 쉬운 재질임에도 불구하고, 전혀 손상되지 않은 채 온전히 보존되어 있다.

● 이집트 문자

상형문자는 4,000년 전부터 존재해 왔다. 기원전 2680년경에는 종교문자라는 새로운 형태의 문자가 나타났고, 이는 점차 또 다른 형태의 민용문자로 대체되었다(기원전 660년경). 이집트 문헌들은 특히 종교문자로 많이 씌어졌는데, 이는 재발견된 문학 텍스트의 대다수가 민용문자 이전에 씌어졌기 때문이다.

● 현대의 출판

자료가 글과 그림으로 다양하게 기록된 《카데시 전투》와 《저 세상으로 가는 길》을 제외하면, 이 책에 소개된 이집트의 이야기들은 좀더 학술적인 형태로 출간되었는데, G. 르페브르의 《파라오 시대 이집트의 소설과 이야기》(메조뇌브, 1976)와 Cl. 라루에트의 《고대 이집트의 종교적인 텍스트와 비종교적인 텍스트》(갈리마르, 1984, 1987) 등이 그것이다.

종교문자
종교문자는 상형문자의 초서체(갈겨쓴 글씨) 형태이다. 파피루스, 가죽, 사기 조각 위에 갈대로 썼다.

민용문자
종교문자의 간단한 형태이다. 종교문자와 마찬가지로, 민용문자도 항상 오른쪽에서 왼쪽으로, 가로로 씌어졌다.

▼ 이집트 문법서의 필사본

© Bibliothèque nationale, Paris

상형문자
상형문자는 일렬로 나란히 쓰지 않고, 사각형을 그리도록 글자를 배열했다. 상형문자는 오른쪽에서 왼쪽으로도, 왼쪽에서 오른쪽으로도 쓸 수 있다. 옆을 바라보는 동물로 표현되는 동물문자는 읽는 방향을 가리킨다. 항상 읽어 나가는 방향을 바라보고 있다.

어린이부터 청소년까지

프랑스 갈리마르 인물 역사 총서

신화와 역사 속 영웅을 찾아 떠나는 놀라운 지식 여행!
인문 교양 지식 분야에서 세계 최고인 프랑스의 갈리마르 출판사에서 발행한
역사, 인물, 신화, 문명에 대한 종합적인 교양서!

 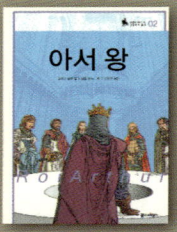   

  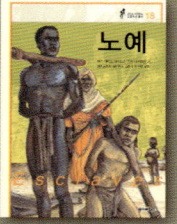  

01 이집트 신
02 아서 왕
03 로마 건국자
04 알라딘
05 모세
06 율리시스
07 콜럼버스
08 카이사르
09 마르코 폴로
10 레오나르도 다 빈치
11 예수
12 알렉산더 왕
13 잔 다르크
14 해적
15 바이킹
16 다윈
17 나폴레옹
18 노예
19 그리스 신화
20 클레오파트라